I0112603

Empresa

Biografía

Nacido en Bogotá, Colombia, hijo de padre japonés y madre colombiana, Yokoi Kenji Díaz vivió los primeros diez años de su vida en Latinoamérica (Panamá, Costa Rica y Colombia) al lado de su abuelo colombiano. Regresó con sus padres a Yokohama, Japón, donde durante catorce años ejerció como traductor y guía de la comunidad latina que en los años noventa emigraba para trabajar en prestigiosas empresas.

Al vivir una impactante experiencia social en las favelas de Río de Janeiro, Brasil, Kenji desarrolló más su vocación social y creó un proyecto de intercambio cultural entre América Latina y Japón que tuvo como propósito fomentar una mentalidad de disciplina, trabajo y desarrollo en los latinoamericanos. Muy rápido se convirtió en un conferencista de primera línea que tomaba lo mejor de cada cultura para hacer pensar a quienes los escuchaban en cómo aprovechar sus capacidades y talentos para crear una sociedad mejor.

Hoy cientos de sus conceptos circulan en las redes con millones de reproducciones, escuelas, universidades, empresas y entidades de gobierno han adoptado a diario los mensajes de Yokoi Kenji Díaz con temáticas como la disciplina, la integridad, el propósito de vida y la pasión.

Yokoi Kenji Díaz
Salón 8
Relatos de inspiración y liderazgo

PAIDÓS

Obra editada en colaboración con Editorial Planeta – Colombia

© Yokoi Kenji Díaz, 2019

Diseño de portada y de colección: Departamento de Diseño Editorial,
Editorial Planeta Colombiana
Fotografía de portada: Cortesía del autor

© 2024, Editorial Planeta Colombiana S. A. – Bogotá, Colombia

Derechos reservados

© 2025, Ediciones Culturales Paidós, S.A. de C.V.
Bajo el sello editorial PAIDÓS M.R.
Avenida Presidente Masarik núm. 111,
Piso 2, Polanco V Sección, Miguel Hidalgo
C.P. 11560, Ciudad de México
www.planetadelibros.com.mx
www.paidos.com.mx

Primera edición impresa en Booket Colombia: septiembre de 2024
ISBN: 978-628-7732-13-1

Primera edición impresa en México en Booket: junio de 2025
ISBN: 978-607-639-030-6

Impreso en los talleres de Litográfica Ingramex, S.A. de C.V.
Centeno núm. 162-1, colonia Granjas Esmeralda, Ciudad de México
Impreso en México -*Printed in Mexico*

A mi esposa Aleisy, fiel representante de la mujer libre y feliz. A mi hijo Keigo, protector de la gracia. A nuestro hijo mayor Kenji Jr., el saludable samurái. A mi padre, Yokoi Toru, disciplinado ingeniero, y a mi madre, Martha, pues su pasión y alegría están impregnadas en mí. Finalmente, a mi gran amigo Clayton Uehara, por estar siempre allí, grabando todo con su alma y su lente.

髪

Recomendaciones

Procure no leer con afán estos escritos.
Si existe alguna urgencia en estas letras,
no es más que la reflexión.
Y allí, el afán muere.
De ser posible, lea despacio y respire.
Reflexione e intente recordar.
Luego, quién sabe, al conectar recuerdos
de vivencias propias,
logremos rasguñar esa apreciada sabiduría íntima
del momento.
Sin pretensión y con gran estima,

YOKOI KENJI DÍAZ

八組

Salón 8

Los niños de la escuela me enviaban constantemente al salón 8. La risa de los demás y el ambiente de sarcasmo me indicaba que esto era algún tipo de *bullying*, pues éramos del salón 5. Existía el salón 6 pero no el 7, lo que me hizo pensar que cada vez que me indicaban que fuera al salón 8 era una forma de decir "vete al infierno".

El maestro Sasaki pedía constantemente a los alumnos que ayudaran en la escuela al nuevo niño extranjero. "No le hagan *bullying* ni se burlen de él, aún no habla japonés, pero cuando aprenda, vais a ver cómo Kenji os supera a todos, pues es muy inteligente", decía.

No sé por qué el maestro Sasaki tenía tantas esperanzas puestas en mí. "Si supiera que vengo con malas calificaciones desde Colombia", pensaba yo con desaliento.

En el salón 5 se inició una campaña de "ayudemos a Kenji" como la de "liberemos a Willy" o uno de esos *hashtags* de hoy en día. Entonces fue cuando los niños se cansaron de tanta responsabilidad, de explicarme, involucrarme, guiarme de la mano, como si fuese un bebé de tres años, y escribir por mí notas para estudiar en casa.

Fue así que uno de ellos dijo entre dientes: "Kenji debería ser enviado al salón 8" y resultó que existía. Era el último salón en el fondo del segundo piso, lejos de los otros salones. Lo hallé por la costumbre de andar solo por cada recoveco de la escuela. Me paré en la puerta y contemplé una escena peculiar: una maestra con bata colorida, una toalla blanca en su mano y con una expresión amable dibujada en su rostro. Cuidaba de siete alumnos que trabajaban con masilla de color. Sus cuerpos delataban que la edad variaba demasiado y advertí en ellos unos rasgos diferentes: cinco tenían síndrome de Down y otros dos una condición especial que desconozco; cada niño tenían en su hombro una toalla para limpiar la saliva que caía constantemente en la mesa mezclándose con la masilla de color.

Sí, el 8 es el salón especial de nuestra institución educativa, y ahora comprendo por qué al no entender casi nada, alguien tuvo la genial ocurrencia de enviarme allí. Es *bullying,* y hasta eso me demoré en entender por la diferencia abismal del idioma. Viene a mi mente el rostro del niño que me envió al salón 8 y de los que se rieron también y siento profundas ganas de llorar por la impotencia de no poder hablar bien, de no poder hacer un chiste, preguntar o comentar algo interesante como lo hacía en Colombia.

Esa imposibilidad me había llevado a reaccionar con violencia. Había vivido parte de mi infancia en las calles sin control del sur de Bogotá, viendo y admirando las peleas callejeras. Dadas algunas de mis acciones, me habían llevado al psicólogo, y parado a la entrada del salón 8 siento pereza de tener que enfrentarlo de nuevo. La última vez me había examinado como a una especie de planta amazónica y creyó que mi violencia obedecía a secuelas de la guerrilla, los paramilitares y los narcos que constantemente aparecían en las noticias sobre Colombia que transmitían en canales internacionales y sugestionaban a los japoneses.

La maestra de rostro amable se percató de mi tímida presencia en la puerta y me llamó por mi nombre: "Kenji *kun, tettsudatte*" [Niño Kenji, ¡ayúdeme!].

Entiendo demasiado bien la palabra "ayudar" en japonés, pues los maestros decían una y otra vez, "hay que *ayudar* a Kenji que no entiende nada", "no dejen a Kenji solo, hay que *ayudarlo*".

Pero lo que no estaba entendiendo en ese momento era la conjugación del verbo ayudar, pues la maestra no quiere *ayudarme,* sino que *pide mi ayuda.* "¿Acaso yo sirvo para algo en este país?", pensé con gran curiosidad. Me sentó al lado de un niño llamado Kaoru y me pidió: "No dejes que se coma la masilla". Mi trabajo es fácil, cada vez que Kaoru cae en la hipnosis de la masilla, lo despierto y le digo: "*Tabecha dame*" [No es de comer] y él, obediente, continúa trabajando.

Permítanme resumirles, mis queridos lectores: dos semanas después estoy con una bata colorida, una toalla en mis manos y no tengo ganas de llorar. Estoy orgulloso. Orgulloso de ser un improvisado maestro del salón 8. Pasé de ser una planta amazónica en el salón 5 a un activo e improvisado ayudante de la maestra en el salón 8. Allí aprendí y enseñé los colores, los números, las horas del reloj, los animales y la escritura más básica del japonés, ¡vaya si estas eran las clases que yo mismo necesitaba! Tuve paciencia porque la mayoría la tenía conmigo y, sobre todo, no dejé que Kaoru se comiera la masilla de color, bueno, tal vez solo un poco.

Lo que inició como "el *bullying* del salón 8" terminó siendo mi clase más importante de japonés y, quién sabe, mis primeros pasos en esto de lo social que tanto me sigue fascinando.

Tal vez, y solo tal vez, la vida no es buena ni mala, simplemente es la vida. Tal vez, y solo tal vez, no hay historias buenas o malas, simplemente el tiempo lo dirá.

創造

Inocente creatividad

"Si quieren sobrevivir, deben ser creativos". Lejos de ser alentadora, esta frase siempre me estresó, sentía ansias solo de pensar qué tan creativo podía ser en este mundo colorido y cambiante. La creatividad, sin embargo, puede ser algo natural si se entiende uno de sus principios más fundamentales: *volver a creer*.

Es necesario cierto grado de inocencia para volver a creer y tal vez por esto la gente creativa comúnmente es comparada con niños alegres y sin temores.

Tenía diez cuando llegué a Japón y esto me devolvió literalmente a ser un niño de cuatro años, pues ni siquiera sabía hablar el idioma.

Tuve que aprender a caminar nuevamente ya que los japoneses siempre transitan por un lado del andén y conservan el otro libre para no ir en contravía. Como si fuesen carros, van respetando siempre el sentido de la vía peatonal y todo tipo de señalización. Me demoré en entender que el lado derecho de las escaleras eléctricas debe estar siempre libre para aquellos que van con mayor prisa.

Lo que me dejó en un estado de inocencia dispuesto a creer todo fue sentarme en un inodoro de avanzada tecnología que me lavó y secó después de hacer mis necesidades

15

fisiológicas. Luego de algo así, si los japoneses me hubiesen dicho que allí los perros hablaban gracias a un traductor en sus cuellos, les hubiese creído ciegamente (hoy ya existe esa tecnología gracias a gente creativa).

Volver a creer es un principio esencial para la creatividad y, si bien es verdad que ciertas experiencias amargas de la vida hacen que esto sea muy difícil, pienso, mis queridos lectores, que imposible no ha de ser.

"Papá, estoy creando un cohete con un amigo para viajar al espacio". La convicción en la voz y los ojos de Kenji David chocaron de frente con la mirada seca de un padre que hace muchos años pensó lo mismo. Sentí una terrible nostalgia de ese brillo en mis ojos. Pero luego veo a niños grandes con ese brillo en sus ojos y el mismo discurso del cohete, sí, niños grandes como Elon Musk quien es el dueño de Tesla Motors y hace realidad sueños que muchos ya no creemos.

En este orden de ideas es importante sanar, cicatrizar y, especialmente, no abrir heridas en otros para volver a creer con inocencia y así dar paso a la creatividad.

Ese *rating* mórbido de noticias, imágenes atroces de la maldad oscura que viaja rápidamente en redes, deja un sinsabor de desesperanza en nuestra humanidad. Pienso por esto que quien desee volver a creer para luego crear le urge una dieta y desintoxicación de ese producto negativo y viral.

Me resulta de maravillosa terapia ver con Keigo Daniel, nuestro hijo de diez años, los capítulos de una serie donde un niño llamado Finn y su perro amarillo, Jake, hacen alarde de su inocencia creyendo en todo el mundo, incluso en el malvado Rey Helado que siempre los engaña, pero la inocencia vence con creatividad a la adversidad y todo termina siempre en una gran hora de aventura.

Veo incluso los grotescos capítulos de *Rick and Morty*, ese abuelo degenerado que viaja con su nieto a universos paralelos enfrentando con irónica crudeza nuestro malvado comportamiento existencial, pero con una innegable luz de esperanza en cada capítulo. Pocos imaginan que es haciendo dieta de malas noticias y viendo estos programas para niños que encuentro creatividad excelsa para nuevas temáticas de conferencias.

Pero mejor cito a Víctor Hugo (1802-1885), escritor de aquella obra maestra, *Los miserables*, que ha conquistado el mundo entero: "La fuerza más fuerte de todas es un corazón inocente".

無執著

Desapego

Una vez encontré un grandioso maestro en Tokio. Impresionado con aquel hombre sabio quise, a toda costa, ser como él. Muchos querían en realidad, pero solo yo llegaba a su casa con dos cajas de leche, pan y catorce inocentes años.

Le dije, desde mi ingenua y osada adolescencia, que deseaba aprender. Me persuadió de que mejor no lo hiciera, que me costaría todo y que yo aún estaba joven para eso. No dijo que me costaría mucho, dijo que me costaría todo. Juré que eso no importaba. Ni siquiera pasaron años cuando se tornó insoportable tanta pérdida. Parecía que todo lo que amaba se moría, partía, que todo lo que tocaba se marchitaba.

Cuestioné una y otra vez tanta injusticia y una y otra vez el maestro me recordaba que me lo había advertido. Me repetía que me fuera, que lo dejara, que él no esclavizaba a nadie, que yo era un ser libre. El tema de seguirlo por caminos tan absurdos se había convertido en un bendito desafío. Al principio pensé que no tenía nada que perder y por eso no sería difícil. No imaginé la cantidad de deseos, sueños, pasiones, ilusiones y amores que en realidad tenía y que me estaba perdiendo por seguir a un maestro que era o muy sabio o solo un viejo totalmente desquiciado. El asunto es que me estaba costando todo y me costó todo.

Cuando ya sentí que había dejado de latir, quiero decir, que no me importaba nada y solo corría por inercia como en los últimos kilómetros de una maratón, descubrí esa maravillosa sensación del desapego.

El desapego me dio mayor control sobre el amor y el odio. Me hizo amar con cordura y atacar con inteligencia, no abrazar demasiado los sentimientos de alegría, tristeza o injusticia.

Tengo escritas todas las lecciones que aprendí junto al maestro pues, como él mismo decía, todo se va a repetir en cada nueva etapa. Llegó así el día en que debí aplicarlas como esposo, etapa que me devolvió a ser un adolescente. Luego como padre, etapa que me redujo a ser un ignorante, y así, voy caminado, olvidando, recordando, repitiendo y mejorando. Volviendo a perder, a sentir desapego para que todo sea más fácil.

¿Entendió?

Ni yo.

十八歳未満

+18 Solo para adultos +18

Escúchame bien, tú. Sí, tú que lees estas líneas. Te hablo desde el futuro y solo por eso espero que pongas atención pues lo que tengo que decirte te conviene. En el futuro eres una mierda, quiero decir, un triste fracaso. De esos fracasos que no hacen llorar, pero sí beber whisky en soledad mirando atrás. Esos fracasos que hacen "bien" las cosas. Asegurando un futuro, estudiando lo correcto, buscando la mejor opción y tomando decisiones sensatas. ¡Mierda! Eres un fracaso que otros envidian porque tienes buen trabajo, un salario mucho mejor que otros, un gran techo y un excelente carro europeo. ¡Mierda! El problema y la mierda de esto está en que aparentas ser intachable, que todos a tu alrededor te respetan y solo tienen cosas buenas que decir de ti... pero eres una bomba de tiempo que acumula mucha mierda por contener hasta los malos pensamientos. Tu esposa sabe quién eres, pues ella sonríe en público, aunque sus marcas de amargura delatan tu verdad. ¡Mierda! Tus hijos callan y de repente explotan y te insultan con gran razón y dolor por tanto moralismo e incoherencia y cuando quieras explotar sabes que te crucificarán y por eso es mejor beber. No soportarás mirarte al espejo, serás infeliz y eso es una mierda. Vine del futuro solo para decirte eso y te lo dejo escrito: si no cambias, si no te arriesgas, si no tomas la decisión de explorar tu naturaleza entera y no solo la que te gusta y le parece correcta a los demás según sus principios moralistas, serás una mierda. No me importa si crees o no que vengo del futuro. ¡Solo debes estar seguro de que serás pura mierda! No se vive solo de intenciones y deseos. Las cosas pasan por decisiones radicales ante la verdad que descubres. Cuando te des cuenta de esto no será tarde. Pero sí serás muy viejo, amargado, y por eso estoy aquí, mirándote a los ojos y dejándote esta nota, en tus jóvenes manos de alguien de dieciocho años. Con amor, tu otro yo de mierda.

Kenji YKD.

P.S.

Octubre 13 de 2031; 11:34 p.m.

Decidí publicar lo que un viejo amargado y extrañamente familiar me dejó hace años. La nota me llevó a perder muchos amigos y ganar otros más reales, comenzando por mí.

Atención: Todo lo anterior solo aplica para mí. Cualquier parecido con la realidad es pura coincidencia o firme decisión.

あそぼうよ

Ya vengo

Ellos me llaman y simplemente yo debo ir. Vi muchos niños en el sur de Bogotá, en Colombia. Un lugar llamado
Ciudad Bolívar. Barrios y comunas marginadas, rodeadas
de pobreza y mucha violencia. Allí vi y escuché cosas que
un niño no debería ver ni escuchar. Sin embargo, por encima de todas esas cosas estábamos nosotros. Niños y niñas
que parecían no ver lo que pasaba. Bueno, lo veíamos, pero
no importaba tanto, pues nuestra prioridad era jugar. Una
potente inmunidad a la tristeza y al entorno social nos se-
paraba del mundo de los adultos. Por encima de todo
abuso, pobreza y violencia, lográbamos viajar a un mundo
de fantasía donde nosotros éramos los protagonistas.

Así, fui Rambo escondido en las canteras y rescaté
amigos secuestrados por la guerrilla, cosí con agujas ima-
ginarias y pólvora las heridas de bala que rozaron mi
brazo izquierdo. Fui padre de familia a los ocho años, con
muchos hijos por quienes debía responder, ya sabía lo que
era llegar cansando y ser recibido con un beso y comida
imaginaria después de parquear el carro en el garaje imaginario. Sí, todo imaginario menos el beso. Fui ladrón,
policía, héroe, villano y millonario; hablaba ocho idiomas
y tenía una nave espacial; fui tantas cosas que fui muy, pero

muy feliz. No sé qué aconteció con el pasar de los años, pero siento nostalgia de ese poder que me daba inmunidad ante el entorno. ¿Cómo lograba ignorar una realidad tan triste y dar a luz un universo de fantasía? ¿Desde cuándo el mundo real me importa tanto? ¿Acaso es real porque lo aprendí a aceptar? ¿O es real porque ya no me atrevo a soñar con fantasía? Siento una terrible nostalgia desde este mundo tan real, tan violento y tan triste.

A veces escucho sus voces, me parece escuchar que llaman a la puerta de mi corazón, que unos niños me buscan y preguntan: "¿Está Kenji ahí? ¿Puede salir a jugar?". No sé usted, mi querido lector, pero yo, ya vengo.

ヤクザ

El amigo mafioso

La primera vez que conocí un mafioso fue al señor Oyama. Él se encontraba de trabajo en la ciudad Yokohama y pertenecía a un famoso clan proveniente de la ciudad de Osaka. Yokohama es la segunda ciudad más poblada después de Tokio, posee además un bello puerto donde crecí y hasta hoy, desde la apertura de Japón en la era del emperador Meiji, ha tenido el mayor número de extranjeros de todo Japón.

Tal vez porque mis facciones no son netamente latinas ni japonesas, el señor Oyama se me acercó y me preguntó con voz amable de dónde era.

Cuando dije que era de Colombia sus ojos brillaron, una leve sonrisa se dibujó en su rostro y luego me preguntó si sabía dónde había un "truck". Justo yo había visto un gran camión blanco y le dije que sí, que hacía unos momentos estaba allí un "truck" y el me agradeció con más alegría aun la noticia.

Entonces empezamos una búsqueda desesperada de aquel camión por las cuadras de Sakuragicho.

La costumbre familiar de ayudar al prójimo como si fuera lo último que haría en mi vida me hizo correr en busca del bendito camión blanco o *truck*, como se dice en inglés.

Paramos en una esquina para recuperar el aliento y el señor Oyama me preguntó, casi sin poder hablar, exactamente qué tipo de "truck" era. Al explicarle el tamaño con mis brazos, me miró perplejo y preocupado.

—*Sonna Dekai no Ka*? [¿Así de grande?]

—Sí, señor, y blanco.

—Blanco, quiere decir que... ¡es cocaína!

—¿Cocaína? Entonces entendí todo.

Su pronunciación era tan precaria como mi inglés, así que no era un "truck" lo que buscaba el señor mafioso, era "drug".

Ya saben, año 98, él un mafioso, yo un colombiano y un gran "*tdrugck*" blanco... y entonces se armó el lío.

—¡Yo estoy hablando de droga! —me dijo en japonés.

—¡Y yo de un camión, señor!

—Pero, ¡¿cómo vas a confundir *truck* con *drugs*?!

—Pues por que hablo español o japonés, ¡no inglés!

—¡No puedes burlarte de un mafioso!

—No señor, ¡es usted quien no puede pensar que tengo drogas solo porque soy colombiano!

Después de unos segundos de mirarnos en silencio, los dos reímos en un mismo idioma al punto que me dolió el pecho.

Luego de este acontecimiento el señor Oyama y yo nos hicimos buenos amigos, el problema era que quería que fuera a toda reunión de mafiosos a contar la historia de aquel gran camión de droga que buscamos por Yokohama.

Algunas de nuestras historias de vida no tienen mucho sentido, simplemente así pasaron; sin embargo, en el trabajo social se aprende siempre que un líder no ve gente buena ni mala, solo gente, personas que toman malas o buenas decisiones, y claro, uno que otro enfermo en el camino.

"Enséñanos a perdonar, amar y líbranos de la maldad, porque sabes que hay maldad también en esta tierra".

—YKD

母の日

Ya no te amo más

Una vez escuché a un maestro comentar con sus estudiantes un interesante recuerdo de su juventud. Al tener una fuerte discusión con su madre porque no lo dejó ir a una fiesta, el maestro, quien para aquel entonces era un adolescente, le gritó en tono desafiante y decidido: "Yo a usted no la amo".

La impresionante respuesta de la madre ante la afirmación de su hijo, marcó en él un principio de vida que aún profesa.

"Aquel día mi madre detuvo todo lo que estaba haciendo, me sentó frente a ella y en una serena actitud me dijo:

'¿Quién te dijo que tenías que amarme? Escúchame bien, hijo: soy yo quien tiene que amarte, a ti te basta con respetarme'".

Ante la firmeza de su amor, el maestro resaltó frente a sus estudiantes el hecho no solo de amar realmente a su madre, sino la virtud que aprendió sobre el respeto.

Me resulta altamente interesante la manera en la que hoy en día una generación de padres parece mendigar amor a sus hijos y cómo estos, lejos de responder con amor, lo hacen frecuentemente con un desborde de irrespeto.

Para las fechas en las que se celebra el mes de las madres en Latinoamérica, palabras llenas de cariño, amor incondicional y gran melosidad, inundan las redes sociales en el mundo hispano.

Sin embargo, no son nada coherentes con las siguientes cifras de violencia del año pasado donde solo en Colombia se reportaron, 3937 riñas, 773 armas blancas incautadas, 427 heridos y 17 muertos. Once de estas lamentables muertes, acontecieron el domingo 14 de mayo, Día de las Madres. Este año las autoridades declaran nuevamente el mes de las madres como el más violento del año.

Tal vez cometemos el error de olvidar las reglas y roles del juego de padres e hijos: "Nosotros los amamos y ustedes nos respetan".

Quién sabe si logramos volver a este principio, no solo nos amarán más, sino que aprenderán a respetar a sus semejantes.

九人愛

Hice el amor con nueve personas

Los gestos se convirtieron en quejas, las quejas en exigencias de respeto y furia, esta última desató insultos contra los empleados de la aerolínea. El deseo humano de hallar un culpable encuentra descanso en el uniforme de los empleados. Un motor falló y el vuelo fue desviado para aterrizar en Miami y no en Bogotá. Así perdí mi presentación del otro día en una universidad y quedé estancado por diecisiete horas. Ocho de estas en un limbo de incertidumbre junto a casi doscientos pasajeros más.

En medio de la protesta nacen líderes revolucionarios que llaman a exteriorizar la molestia en reacciones de ira, insultos y acusaciones de negligencia que calientan el ambiente. Cualquier defensa por parte de los empleados es ofensiva, cualquier disculpa empeora la ofensa y si optan por guardar silencio, éste también es interpretado como irrespeto.

En un ambiente tan tenso una inexplicable fuerza hizo que nueve de nosotros nos uniéramos para hacer el amor.

La primera en hablar fue la maravillosa María Alejandra, alegre y bella políglota colombiana, y con esa misma alegría respondió a sus preguntas Sara, estadounidense de raíces también latinas que apenas rasguña el español cuya sonrisa y bello rostro son más que universales.

Una italiana, como sacada de una película de acción y con su belleza de juventud a flor de piel, se acerca tímidamente y parte de la comparsa de ocurrencias; su nombre es Débora. Ramón es dominicano, un moreno gigante con voz de tenor que contrasta con el cariño tropical que endulzan sus palabras.

Claudia es una mujer de quien uno siente, al verla tratar a los demás, que siempre fue y será bella, que su belleza de tanto serla ya se le pegó al alma; ella es de Santander, Colombia.

John es un oficial estadounidense que perdió su descanso en el incidente, su presencia resalta tanto que parece ser un agente oculto de inmigración, pero simplemente es una víctima más que sucumbe ante la belleza y la alegría de aquel ambiente latino o, mejor, tan humano.

Una joven enfermera de Boyacá nos confiesa que es la primera vez que sale del país y, lejos de estar molesta por el incidente, confiesa su temor por los viajes en avión; ella es Alexandra.

La señora Blanca nos atendió las horas que duró abierto el restaurante-café ubicado frente a la puerta de embarque H-14, que parecía cerrada para siempre. Blanca Luz es de Perú; tiene un profundo ceño fruncido, incoherente con el amor que nos brindó, de esos amores firmes de las personas que saben amar de verdad. Nada que hacer, tiene más de setenta años, es máster en el asunto; ella también hizo el amor con nosotros. Era el único grupo de personas que no estaba protestando, ni frustradas en silencio; en cambio, se reía disfrutando el asunto. Nadie fue invitado ni rechazado, así que me acerqué sin imaginar que ese día yo también haría el amor.

No sé quién destrozó el contexto de la frase "hacer el amor" en nuestro bello español.

¿Por qué tiene una connotación erótica, cuando en cualquier otro idioma "hacer el amor" traduce fabricar o construir un vínculo afectivo? Gente común y corriente haciendo algo tan extraordinario y que, les aseguro, no estaban solo socializando, haciendo relaciones públicas o intercambiando contactos, ni siquiera parecían haciendo amistad. Era una decisión contundente a no quejarse, frustrarse ni enfurecer ante el incidente que nos dejó en el limbo, una decisión de ignorar la afrenta y que todos respetamos. Aquello fue una decisión de hacer el amor en medio del caos. Amor fabricado en horas de incertidumbre en un aeropuerto de Miami. Amor sin ingredientes de religión ni política, tal vez por eso sentí que quedó tan puro.

Éramos nueve e hicimos el amor frente a todos, ignorando que nuestras carcajadas podían ofender a los ofendidos, pero es que era inevitable no reír ante tanta ocurrencia latina.

Éramos nueve y por un momento pensé que éramos uno, dicen que eso pasa cuando la gente hace el amor. Qué fácil es hacer el amor y qué fácil es destruirlo; tanto, que dan ganas de reír y de llorar al mismo tiempo. ¿Qué dice mi querido lector? ¿Echamos una partida de odio justificado por tanta maldad e injusticia humana, o apagamos las noticias y hacemos el amor por lo menos un ratico?

月曜日

Tregua

Los lunes siento que soy protagonista y héroe de mi película. Es decir, el lunes es uno de esos días de trabajo donde no me permito dudar ni un poco. Sé que el lunes existo para conquistar el mundo y siento firmeza en mis propósitos. Tengo disciplina para lograr mis metas e incluso fuerzas para guiar a otros en el camino. Así, lleno de fe, voy caminando desde el lunes cada día hasta llegar al viernes. Bueno, ya los viernes tengo una clara sensación de no poder cambiar las cosas, sino apenas vivirlas. Los viernes me siento un minúsculo punto en el universo, solo tengo seguridad de seguir respirando. Sí, mis queridos lectores, el tema es complejo y paradójico para finalmente encontrar un equilibrio entre estos dos extremos de emoción y razón.

Un lunes puedo creer con alegría y el viernes maldecir con mis dudas. Ahora bien, esto de los días de la semana es solo una metáfora, pero no la constante guerra de fe y duda que se libra en el alma. Lo bueno de todo esto es que siempre llega el sábado. Y pues, ya saben, el sábado mando todo pa'l carajo y me siento a ver series y películas con mis hijos, comemos, jugamos, reímos y volvemos a comer viendo series hasta que desmayamos. Me da por ir a pescar, bailar sobre la mesa o ir a correr bajo la lluvia, competimos quién lanza más lejos un ladrillo que encontramos por ahí o jugamos Yankenpoi y pagamos penitencias vergonzosas frente a la gente. He pedido papas fritas a desconocidos, me he medido ropa femenina preguntando si el color de la blusa va con mis ojos, etcétera.

En la noche caemos rendidos de tanta locura y el domingo no sabemos quiénes somos por la embriaguez. El licor de locuras, alegrías y algarabía hace su efecto. ¡Pero tranquilos! El lunes estamos puntuales, serios y creyentes de que podemos cambiar el mundo otra vez. Puntuales a perseguir nuestros sueños con seriedad, cordura y fe. Es una rara pero saludable montaña rusa de emociones, un ciclo de fe, sensatez y locura. Realmente no espero que me entiendan, solo espero que me crean que no puedo vivir esta vida en una sola frecuencia. Eso cansa. Todo tiene su tiempo debajo del sol y sobre la tierra. Tiempo de reír y llorar, tiempo de callar y gritar, tiempo de trabajar y de jugar. Tiempo de amar y de odiar. Creo que fue así que dijo el rey sabio. Los japoneses son famosos por enloquecerse cuando beben licor y el lunes estar puntuales sin pronunciar jamás una palabra de lo acontecido el día anterior. De hecho, hablar de asuntos de fiestas es muy mal visto en lo laboral.

Cuando uno de los soldados preguntó por qué no sorprender al enemigo en Nochebuena, el comandante respondió: "Hay que respetar los días y los tiempos como se respetan la vida y el honor". Dicho esto, soldados de los dos bandos jugaron fútbol y cantaron villancicos en una tregua de Nochebuena.

よろしく！

La satisfacción de ver caer

Hola, mis bellos seguidores de escritos, conferencias, redes sociales y videos:

La presente con el fin de pedir de todo corazón a aquellos que estén al alcance que, si algún día me ven alcoholizado por ahí, tirado en el suelo, con una fuerte resaca, por favor no me den la espalda. Si me ven ojeroso y maloliente, anestesiando mi conciencia con drogas pues no soporto la soledad después de haber perdido a mi esposa por mis infidelidades, por favor no se burlen de mí. Si me ven en la pobreza extrema por malas andanzas, por evadir impuestos y hacer tratos corruptos, por el desorden en mis finanzas y la mala administración, por favor no me pregunten con sarcasmo "¿dónde quedó la disciplina, míster Kenji?".

O si el infortunio de una enfermedad me carcome la garganta, pierdo la voz y termino hablando por algún dispositivo electrónico, por favor no sientan satisfacción diciendo que fue castigo divino por mis blasfemias en redes. Si en este punto el lector se pregunta de qué estoy hablando, permítame explicarlo: una figura pública, llámese líder social, maestro, pastor, *coach*, rabino, etc., que hoy parece hacer milagros con su buen mensaje, es un fabuloso candidato a ser crucificado mañana, si comete un gran desliz.

La razón es mordaz pero simple: resulta de gran satisfacción para muchos ver caer al prójimo desde un lugar alto, una satisfacción tan humana como malévola. De los videos más vistos en el mundo entero sin importar el idioma o la cultura, son aquellos donde la gente pierde el equilibrio y cae de manera ridícula. "Es por nuestra naturaleza peluda", dicen los japones.

Así, consciente de esto, prefiero bajarme una y otra vez de la nube en que me suban. Me bajo con mis salidas de tono, mi locura, mi lenguaje soez y especialmente esa desnudez de mi alma que, cuando algunos la ven se decepcionan y comentan: "pensé que eras más serio, más disciplinado o más creyente".

Respeto el impacto que ha tenido mi mensaje en redes y a aquellos que lo adoptan, pero a muy temprana edad aprendí que me debo más respeto a mí mismo, tanto como para no entregarme en bandeja de plata al escarnio del público, que casi siempre viene después de mucha ovación.

Una vez en el Oriente Medio alguien le dijo a un reconocido maestro con sacra reverencia: "Buen maestro…" y él respondió antes de que terminara: "No me llaméis así, pues cuando veáis mi desnudez y vergüenza pública, vuestra alabanza se convertirá en vulgar traición".

Aquel maestro, experto en descifrar hipocresías vanidosas y religiosas, sabía qué esperar de su propio pueblo. Hasta el día de hoy, miles de años después, muchos parecen no entender ese episodio, pues prefieren adorarlo que seguirlo. Pues bien, yo que tengo más mañas que santidad, prefiero siempre recomendar: "No me hago responsable de mi futuro, busco lo mejor, pero estoy listo para enfrentar lo peor; y si alguien pregunta '¿Kenji es bueno?' de una vez dígale que no, que soy terrible". Así, tal vez se sorprenda para bien y no para mal.

¿Le gustó? Ni a mí.

カエルと蠅

Los problemas nos fortalecen, las pequeñeces nos matan

Crisis como terremotos, tsunamis, incendios o accidentes, dan a luz heroísmo, tenacidad y esa lucidez humana que asombra. Sin embargo, es paradójico que esa misma tenacidad sea reducida a nada y sucumba ante minúsculos problemas de nuestra vida cotidiana. Una mirada, un gesto, la diferencia de gusto, una falta de atención, o lo que llamamos "una gran pequeñez" y, popularmente en Colombia, "una gran bobada", pueden detonar una crisis sin precedentes.

En la intersección del tren Yokohama Line cerca a nuestra casa en Japón, esperé en numerosas ocasiones, impaciente sobre mi bicicleta, que se abrieran los largos brazos mecánicos pintados de rayas negras y amarillas. El agudo sonido de una campana alertaba el paso del tren.

Reviví el recuerdo de manera grotesca hace unas mañanas al ver en noticias internacionales cómo un anciano de setenta y cinco años se desmayó justo en los rieles del tren de aquel cruce. Las cámaras registraron a una joven mujer corriendo en su auxilio, empujando con manos y torso el desgonzado cuerpo del abuelo. Lo salvó justo antes de ser arrollado.

Fue declarada heroína nacional de Japón. El homenaje y la historia serían perfectas y sin lágrimas si ella no hubiese perdido su vida al recibir un fuerte golpe del tren que le quitó la vida por salvar al anciano.

¿Qué hace que una persona sacrifique su vida por un desconocido? ¿Por qué logramos hacer cosas por otros que muchas veces no haríamos ni por nosotros mismos?

Difícilmente pensamos en lo que haríamos o no por otros en ciertas situaciones y a veces hasta nos ufanamos diciendo que morir por otros sería tonto. Sin embargo, un raro instinto en nuestro ser y en los animales nos indica que debemos salvar a aquel que esta próximo y en peligro.

Binti Jua es el nombre de una gorila que en 1996 salvó a un niño de tres años cuando este cayó inconsciente al vacío de la enorme jaula con muros de seis metros de altura en el zoológico de Brookfield en Chicago, Illinois.

El mundo entero suspiró de ternura cuando Binti Jua, con el cariño de una madre, arrulló el cuerpo contusionado e inconsciente de aquel niño, para luego esperar en la entrada de los cuidadores y entregarlo mansamente.

Hoy en día mis hijos ven en la red compilaciones enteras de héroes que salvan seres de otras especies.

Mientras para mí es muy triste y paradójico recordar que justo en el mismo cruce donde aquella mujer salvó al abuelo, dieciocho años antes, uno de mis amigos de la escuela de Nakayama se aventó al tren y pasó a engrosar la triste lista de suicidios en Japón.

Shōji era excelente basquetbolista, un joven apuesto de dieciséis años que tenía incluso un grupo de *fans* en la escuela. Su casa quedaba camino a nuestro apretado apartamento en Nakayama, una casa grande al mejor estilo estadounidense, rodeada de una verde grama donde se paseaban varios conejos. Teníamos la costumbre de parar allí a ver los conejos y sentir el significado de la palabra envidia.

En el mismo lugar donde Shōji decidió quitarse la vida, por un instinto diferente y sin querer, aquella mujer sacrificó su vida por un abuelo. Me pregunto por qué muchas veces logramos hacer por otros lo que no haríamos ni por nosotros mismos. ¿Es instinto o estamos dotados de tal altruismo?

Está registrado en la historia de la humanidad un gran nivel de maldad e innegable tristeza, pero esa misma historia también registra benevolencia y heroísmos incomprensibles.

Hay una escena en la aclamada novela *Los miserables* de Víctor Hugo, donde la policía trae ante un obispo a Jean Valjean, un hombre que la noche anterior robó unos utensilios de plata del monasterio. Jean, recién salido de pagar una condena de diecinueve años, aseguró que la platería era un regalo del obispo.

Cuál sería el asombro del mismo Valjean al escuchar al obispo decirle a la policía que efectivamente le había obsequiado esos utensilios e incluso había olvidado darle dos candelabros más de plata. Al lograr la libertad del confundido Jean Valjean, el obispo le entrega los dos candelabros haciéndole prometer que redimiría su vida y se transformaría en una persona de bien.

Esa incomprensible esperanza, heroica benevolencia que tan bien retrata Víctor Hugo en el desenlace de toda la novela, me resulta fascinante en nuestra humanidad, como también lo es esa increíble capacidad que tenemos de hacer una tormenta en un vaso de agua, lleno de pequeñeces.

Es común, por ejemplo, ver que en la vida en pareja nos unimos para enfrentar las grandes y complejas dificultades. Con lucidez y fortaleza enfrentamos una enfermedad, un accidente, una gran deuda o una fuerte crisis económica hasta logra sacar de nosotros cordura, serenidad, tenacidad, uniéndonos en gran trabajo en equipo. Pero una simple bobada (pequeñez) nos puede llevar a una interminable discusión en pareja. Una mirada, un gesto, una interpretación, una diferencia de gusto, una falta de atención.

Ante un verdadero peligro nuestro instinto humano logra salvar incluso a un desconocido y una pequeñez nos hace cometer suicido intelectual ante los que más amamos. Se lo explico con una historia.

La mosca se posó en la nariz de su amiga Doña Rana y le dijo de manera atrevida y con desprecio:

—Eres realmente fea, que hasta cariño inspiras…

Esto le causó tanta gracia a Doña Rana, que soltó una enorme carcajada. Una vez más la mosca se posó sobre la nariz de la rana y le dijo:

—Tu piel es tan dura, vieja y carrasposa que pareces de mil años.

Una carcajada aún mayor se le escuchó a Doña Rana.

La mosca continuó:

—Oye, Rana, tus ojos son horrorosamente grandes, seguro Dios estaba deprimido cuando te creó.

Doña Rana parecía estar viendo su mejor programa de humor, pues sus carcajadas la hicieron revolcarse en la tierra. Después de reír y reír, volvió el silencio y la mosca notó que Doña Rana tenía algo en su cabeza, así que le dijo respetuosa y amablemente:

—Amiga Rana, tienes una hoja en la cabeza.

Ante esto, la ira inundó a Doña Rana, quien cambió de color y se tornó de un tono rojizo, un sentimiento de ofensa y el vapor de su orgullo herido exhalaron por su nariz. No podía creer tanto exceso de confianza de la mosca como para decirle que tenía una hoja en la cabeza. No soportando tal afrenta, se tragó a su amiga la mosca.

En un mundo lleno de problemas y de pequeñeces, los problemas nos hacen fuertes y las pequeñeces nos matan.

¡Arrepiéntete!

"¡Arrepiéntete de tus pecados!", gritó el predicador, quien, por cierto, tenía un buen traje. Dios sabe que hice un esfuerzo magnánimo para concentrarme, para contener las preguntas en mi mente, pero fue inútil. ¿Cómo se arrepiente un alma que no sabe lo que es escurrirse por las sensuales curvas del placer? ¿Cómo sentir reflexión y cordura sin primero sentir el sublime deleite efímero de la locura? ¿Cómo tener genuino arrepentimiento sin vivir la dulce pero venenosa compañía de la pasión prohibida y luego esa triste y agobiante soledad que le procede?

El predicador sigue hablando, ante mis ojos parece un televisor en modo silencio en uno de esos canales donde comercian con la fe. La primera frase de arrepentimiento no sale de mi cabeza y ahora ya tengo mi pluma y mi cuaderno listo; si no escribo lo que pienso, el estrés se apodera de mí.

No hay vacuna sin un virus, no hay cura sin enfermedad, no hay arrepentimiento sin pecado, y este último no sería pecado si no se sintiese un arrepentimiento genuino. ¿Qué sería de la historia y de la gracia sin un árbol prohibido? ¿Canta Ricky Martin un principio de teología al decir que si Dios puso la manzana fue para morderla?

Este asunto de pecar y arrepentirse, si es real, debe entonces ser un proceso personal, natural, sin influencias moralistas ni supersticiones. Si el hombre fue creado por la misma mano divina, debería bastar apenas con el natural proceso de la bella conciencia y la reflexión para sentir arrepentimiento genuino. Por otro lado, intentar alejar con radicalismos religiosos al ser humano de su naturaleza, prevé solo empeorar el asunto. Aunque también hay que saber que desbocar su naturaleza sin freno alguno de conciencia generalmente lo lleva a una muerte temprana.

Leonardo DiCaprio era aún adolescente cuando representó un niño con retraso mental en la película titulada ¿A quién ama Gilbert Grape? El niño, muy emocionado, arranca la cabeza de un grillo usando como guillotina la puerta del buzón de casa, y esto le causa risa, pero en la siguiente escena, al ver que el grillo ha muerto llora largamente mientras es consolado por su hermano mayor (Johnny Deep). "¿Por qué tenía que morir?", exclama entre lágrimas.

En este punto estoy tan lejos del señor predicador como Neptuno está de la Tierra, me perdí el resto de su mensaje, tengo cargo de conciencia por hacerme el que lo escucha, pero ya no puedo parar. A aquellas personas que aseguran haber vuelto a la etapa del "Jardín del Edén" y que prometieron nunca más tocar el árbol prohibido les será profano mi escrito. Pero en mi defensa debo decir que yo vivo arrepentido, genuinamente arrepentido, por andar de error en error, de árbol en árbol y de lágrima en lágrima. Es una paradoja como la vida misma. Solo espero y deseo cometer menos errores y lograr más aciertos, pero ninguno de los dos en exceso como para estragar mi alma.

読む前に

Don Juan lector

¡Kenji, recomiéndame a alguien a quien amar!

La incógnita se apodera de mis cejas a delatan un nudo en mi cerebro. ¡Cuánto me cuesta recomendar un libro! Es como intentar aconsejar con qué casarse; exagerado, tal vez, pero eso se siente.

Cuando un libro conecta mi mente y alma siento que estoy leyendo de verdad. Lograr conectar así con la lectura es una tarea personal. Un proceso parecido a enamorarse. Hay amores que hacen historia y otros que no pasan del primer capítulo. Después de tantos intentos forzados, terminamos reconociendo que hay libros y amores que no van a funcionar. Por otro lado, hay amores y experiencias de lectura que me sacan a otros mundos. No es el título ni la recomendación, es la ocasión, el tiempo, el clima, el momento y las heridas. Son vivencias y su amalgama de factores las que me hacen navegar en las sensuales curvas del texto y finalmente me convierten en su contexto. Es la magia de la escritura. Si hacer el amor es un acto voluntario, forzar la lectura es un acto triste. El trauma atrasa el despertar de amor por las letras. Pero incluso eso es superado por la magia de la buena escritura.

Por estas sencillas razones no suelo recomendar libros, solo recomiendo andar con ellos. Tocarlos, comprarlos, cambiarlos y coquetearles. Perderlos, recuperarlos, iniciarlos y desistirlos. Casarse para luego divorciarse de estos pesados trozos de papel, que aún la tecnología no logra vencer. En esto de la lectura ser un Don Juan de las letras es válido, picar aquí y allí hasta enamorarse como debe ser. Siento incluso que el intelecto es solo un pequeño factor para alcanzar un buen resultado; incluso hay intelectuales que han convertido la lectura en un mantra sin sentido. He visto personas con tesoros que cambiaron mi mente en sus manos, sin que causara en ellos ningún efecto. Así mismo, he visto otras personas que logran profundas reflexiones a partir de lecturas que yo no entendí. Ya obsequié libros con gran ilusión para descubrir luego que había lanzado un ladrillo a la cabeza de alguien. Hallar el libro propicio para mi momento justo es un logro de tiempo y gasto. Pero sí que vale la pena. Por eso, una vez más, recomiendo rodearse de ellos. Tocarlos e intentar leer desde el final o al revés también. Equivocarse al comprarlos hasta acertar un día.

Leer mucho, leer poco, pero nunca leer nada.

Mi madre tenía muchos, muchos libros que yo no deseaba leer. Pero un día, en Yokohama, Japón, a la edad de catorce años, me leyó uno hasta el amanecer. Desde entonces entiendo que mi vida fue diferente, la magia de la lectura hizo lo suyo. A ella, a mi madre, dedico con gratitud este escrito.

Para este libro en especial tengo un consejo largo. Si no quiere leer, no lo haga. Deténgase cuando sienta que debe mirar al vacío y reflexionar. Subraye, doble y repita páginas. Róbele lecciones profundas al texto, cosas que ni el escritor jamás pensó. Recuerde, conecte y siempre escriba notas propias ya que, gústenos o no, todos estamos escribiendo un libro. Ame y critique todo. Crea todo con ingenuidad y dude de todo con malicia que eso es sentir pasión por la lectura. Luche por el hábito de leer y aborte la misión sin remordimientos. Un día se verá navegando en ese fascinante mar de palabras haciendo historias.

神

Fútbol, Gokú y Heavy Metal

Desde hace ya unos años decidí no responder a dos preguntas en Latinoamérica. Una es de qué equipo de fútbol soy hincha fiel y la otra si creo en Dios.

Me niego a responder en especial cuando sospecho que la pregunta está venenosamente contaminada por fanatismo. Y es que a algunas personas no les interesa en realidad saber sobre mi percepción de espiritualidad, solo están ansiosos de saber si el dios de ellos es el mismo mío. Desean pregonar con pecho hinchado de orgullo que somos del mismo equipo. Hacer alarde y abanicar el ego religioso y *rating* "espiritual" en los medios. Incluso les entristece que escriba dios con de minúscula, no por un ¿pronombre?, sino por quitarle divinidad. ¿Qué clase de dios pierde divinidad por una letra minúscula?

Me niego a creer en un dios tan fácil de irritar, un dios que teme que una banda de Heavy Metal visite el país en su *tour* pues al parecer tienen el poder de maldecir a toda una nación con sus conciertos, mientras ese mismo país vota en las urnas por políticos "luciferinos" que hablan bonito de dios y mal del homosexual.

Me niego a seguir una divinidad que no se puede cuestionar, una divinidad que para existir anula mi intelecto, que come y se alimenta de mis emociones, como si mi razón la alzara en ira. Un dios que anhela mi adoración sin pensamiento.

Después de una conferencia de liderazgo integral, una joven me dijo que deseaba orar por mí, para que "volviera a los caminos del Señor", que yo sabía de lo que me estaba hablando. Si esa misma persona me viese hablando en una iglesia sobre lo que pienso de la espiritualidad, la fe y el mensaje de Jesús, muy seguramente me pediría que orara por ella. Es como si nunca entendieran ni se fijaran en el mensaje sino en el empaque, en la carátula, en lo externo. Esta vaga visión de la espiritualidad hace que la manipulación religiosa sea muy efectiva. A través de los años he analizado creencias y patrones de comportamiento, veo cómo se aplauden con euforia religiosa conceptos nocivos y malévolos, venidos del mismo infierno, solo porque alguien los dice con un empaque litúrgico y "espiritual". Veo también con tristeza cómo rechazan el buen mensaje espiritual. En mi caso podría ser vetado de ciertas instituciones religiosas por decir verdades divinas pero al desnudo, sin algarabía ni arrebatos de índole fantasioso. El misticismo y la ilusión aún parecen importar mucho más que la verdad. Todavía hay gente que me pregunta si Gokú es satánico y mala influencia para los niños, cuando un abusador de niños puede salir más fácil de una iglesia que del televisor. Yo permito que oren por mí, que el padre, pastor, monje o rabino me den su bendición, siempre y cuando esta bendición sea con amor, cariño y fraternidad.

Pero también aprendí a decir no ante la vanidad religiosa, a negarme a alimentar el ego venenoso de una espiritualidad superflua, a decir "no, gracias" cuando quieren llenar con mi nombre una lista de *rating* religioso, una lista de almas perdidas y advertidas antes de ir al infierno.

Le dije que no. Era tan notable su vanidad religiosa que su deseo evangelizador le hacía parecer un vendedor diamante de algún multinivel millonario, así que le tuve que decir que no, pues veo que creemos en dioses diferentes; en cuanto a mi equipo del alma, pues solo se me hincha el pecho cuando veo amor, respeto y humanidad.

情熱

Sobredosis

Como en su corta vida hizo siempre lo que le vino en gana, pues ahora no sabe qué hacer. Natural y más que obvio, a quien le faltó control, con el tiempo se descontrola.

Abruma, por eso, ver ahora a los amigos ocupados, enfocados, concentrados en perseguir sus objetivos. Abruma verlos comiendo libros, dominando temas, elocuentes, hablando sobre metas y propósitos. ¿En qué momento se crecieron tanto? ¿O acaso soy yo quien paró de crecer?

¿Cómo es posible tener tanto talento para jugar, pericia para vacilar, ingenio para improvisar y alegrar una fiesta pero ser un verdadero desastre en un bendito trabajo?

Es natural, ¡se me descontroló la brújula! Como hice toda la vida lo que se me vino en gana, ahora no sé qué hacer. Siempre estoy olvidando todo, perdiendo todo, dejando caer todo, haciendo cara de que entendí en un juego de póker donde ni cartas tengo. Mintiendo tanto que ya ni me creo.

Abruma ver la vida pasar como un río y no tener fuerzas para detenerla, flotando a la deriva, ese fracasado síntoma de anhelar los viernes y odiar los lunes, para salir de rumba, para gritar y luego deprimirme.

Adicto a hacer solo lo que me viene en gana, ahora tengo ganas de todo y de nada. Ya hasta se me nota la demacrada apariencia de un ser sin pasión ni atractivo.

¿Tal vez un tatuaje cambie las cosas, uno que diga "¡viernes!"? O un dragón azul como el mar de líos en los que me sé meter siempre. No, mejor un tatuaje más coherente con mi vida; entonces que diga: "Mierda, moriré por sobredosis de nada".

¡BASTA! No más autotortura, esto es una operación a pecho abierto, no excedamos el tiempo de exposición del paciente. Es hora de curar, todos sabemos cómo se arregla esto: las lecciones y procesos que nos saltamos en el pasado, debemos iniciarlas ahora mismo, sin postergar, sin procrastinar, solo así se salva esta vida.

Comencemos con ejercicio físico de 3K cada mañana; es mejor que morir de tedio. Un capítulo de lectura al día es mucho más que horas viendo videos sin propósito alguno.

Hacer caso nos cuesta, después de tanta indisciplina. Clases, talleres, conferencias, sermones, tutorías, lecturas en voz alta. Más cine arte y menos acción sin sentido.

Es hora de comer verduras y dejar el azúcar, pues hasta el exceso de miel hostiga el paladar. ¡Uff!, menos mal llegamos a tiempo, este paciente casi muere por exceso de hacer siempre lo que le vino en gana.

侵入者

Intrusos

Llegó el invierno, quedamos solo tú, yo y los intrusos. ¿Alguien recuerda de dónde salieron? Nadie lo sabe, pero vaya si han crecido estos intrusos. Seguramente se fueron quedando una de esas noches en las que los dejamos hospedar. Los fuimos dejando y se fueron quedando porque finalmente no hablaban, no ocupaban espacio alguno así que no estorbaban pues eran solo silencios.

Silencios que se fueron acomodando, silencios que se fueron acumulando, pero ahora llegó el invierno y los intrusos hablan, dicen cosas punzantes, hacen terribles preguntas cuando solo eran silencios.

—¿Sienten algo el uno por el otro?

—¿Notan esta frialdad en el ambiente?

—¿Esperaban un final tan malo en vuestra película?

Desde la cocina o por encima del periódico nuestras miradas se encuentran, nos preguntamos una y otra vez de dónde salieron estos intrusos o cuándo los dejamos entrar.

No somos perfectos, pero casi todo lo hicimos bien: hemos invertido en el futuro, en los niños, en el trabajo, los sueños, los amigos, la iglesia y hasta en el perro que ya murió. ¿Por qué estos intrusos nos cuestionan? Tal vez no invertimos mucho tiempo en nosotros. Eso que llaman "tiempo en pareja" y que siempre nos pareció cursi y aún nos suena a cliché. Pues bien, hoy en este crudo invierno esos vacíos, silencios, son nuestros nuevos intrusos parlanchines. Hoy en este crudo invierno la soledad tiene el frío eco de un pasado donde no recolecto leña. Sin intención de prosa ni poesía, esta es la triste reflexión de una pareja madura. Es el creciente índice de divorcios entre los cuarenta y cincuenta años, edades en las que podría parecer tonto separarse. Aumentaron los tontos, o tal vez el frío en nuestros ojos es ya insoportable. Aumentaron los tontos o los intrusos parlanchines.

En la exitosa serie *Juego de tronos* se repite de manera profética y tenebrosa la frase "el invierno se acerca, hay que estar preparados".

La hormiga le dice lo mismo a la cigarra en la fábula de Esopo. Y es que tener que mirarnos al final de una larga carrera y darnos cuenta de que ya no sentimos lo mismo, de que ya no nos amamos, que uno de los dos no siente lo mismo, que está bien incluso estar solo, suena a un final frío, invernal, triste. El espíritu humano tiene fortaleza para comenzar de nuevo en cualquier momento, pero el cuerpo que habita ya no será el mismo, los dientes caen, el pelo, los párpados y de ahí para abajo todo, como si la tierra nos llamase. Para colmo de males, esos silencios acumulados por estar tan ocupados en otros y no en nosotros, les da por hablar verdades dolorosas. ¿Esperaban un final tan malo en vuestra película?

La otra noche, después de enviar a dormir los niños y a Mr. Jake, nuestra mascota, miré a mi esposa y le propuse con malicia:

—¿Uno más?

Sonriendo, sin disimular su emoción me dijo:

—No deberíamos, pues ya es tarde, pero bueno, uno más.

Bajo las cobijas vimos un capítulo más de *Juego de tronos*. Nos cortan el aliento las escenas medievales y sus caballeros, sus doncellas, el enano, la traición, el terror, amor, pasión, brujas, dragones y sexo como para taparse un ojo.

Aparecen también en el extremo norte, una especie de demonios que aún no sabemos qué son exactamente, pero parecen intrusos de otro mundo, de un mundo frío para el cual nadie parece estar preparado. Entrado en días, el viejo Salomón era atormentado por sus inclinaciones sexuales de adolescente; tal vez por eso sabía tanto:

Disfruta con la esposa de tu juventud, amante y graciosa gacela, encantadora;
que sus pechos te embriaguen cada día y su amor te cautive para siempre.
[…]
Antes que vengan los días malos, y se acerquen los años en que digas: "No tengo en ellos placer"; antes que se oscurezcan el sol y la luz, la luna y las estrellas, y las nubes vuelvan tras la lluvia.

Bueno, mi preciosa gacela de pechos que embriagan mi ser, ¿bailamos un tango?, ¿aprendemos ajedrez?, ¿nos vamos en bici de Yokohama a Nagasaki?, ¿nos casamos de nuevo en el Amazonas?, ¿hacemos el amor en la cocina? ¿Acumulamos experiencias bellas, locas y atrevidas o acomodamos silencios, de esos que un día nos van a echar de nuestra propia morada?

¿Alguna idea, mis queridos lectores, antes de que llegue el invierno?

江ノ島

¡Respira!

No vas a morir y esa es la cuestión.

Tener que sufrir en vida ese dolor que no mata. El dolor del abandono. Dicen que una separación forzosa, una pérdida, un abandono es un dolor profundo, triste, que se convierte en un dolor físico que hace desear la misma muerte. Pero no morimos. Hay que seguir trabajando, enviar los niños a la escuela, cocinar, maquillarse, conducir al trabajo todo sin una pizca de voluntad, sin una pizca de alegría, como un zombi a la intemperie.

Cuando la vida carece de todo sentido, respirar llega a doler, las noches son tan largas, melancólicas y esto lo entiende quien ya fue paciente de este vacío. A veces la muerte se presenta como una verdadera salida, una solución, lo más práctico, un descanso. En momentos así, algunos nos dan palabras de aliento, otros sienten pesar y no sabemos qué es peor. Pobrecito; antiguamente decían "pobre miserable".

"Maldice a tu dios y muérete", le gritó al patriarca Job, casi con misericordia, su propia esposa al verlo en una situación de pérdidas tan profundas. Sin embargo, una voz dentro de nosotros, con nombre propio no deja de repetirnos: "Así no, Kenji". Todos morimos, morimos todos, pero no hoy, "así no, Kenji, respira".

Según esa voz, está bien morir pero debe quedar escrito que di guerra hasta el final, que me levanté una y otra vez, que asombré a todos antes de caer y luego no me pude levantar más, pero lo di todo.

Nunca pude callar esa voz. "Respira, respira, no es hoy muchacho, respira, respira, así no, Kenji, respira".

Tenía catorce años y me pareció fácil nadar de la playa de Enoshima hasta una isla que se divisaba al frente. No sé en qué pensaba o, como siempre, no pensaba en nada y por puro impulso crucé a nado limpio hasta aquella isla; bueno, eso intenté, quedando a mitad de camino, sin fuerzas y con punzantes calambres en mis piernas, flotando sobre mi espalda a la deriva de pequeñas olas.

Después de la primera hora, pasé a recordar, llorar, reír e imaginar mi futuro, mientras las benditas voces no paraban: "eres un tonto, pobre tu madre, no cumpliste tus sueños, qué decepción, ¡qué forma más estúpida de morir!".

Luego una paz me inundaba y se repetían las voces: un círculo de delirios moribundos.

Luego, poco a poco, las voces se fueron callando, tal vez se cansaron, como si no hubiese más nada que decir. Finalmente, un silencio se apoderó de mí, como si no oyera el mar y sus olas, pero en el fondo de mi ser una voz tenue permanecía firme y clara: "Así no, Kenji, respira, hoy no va ser, respira".

La vida es especialista en ser salvaje y nosotros en tomar decisiones estúpidas, pero en realidad la mayor parte del tiempo la tierra es firme. Respira, nada, espera, aún no es tu hora.

Los japoneses envían un helicóptero a patrullar la playa de Enoshima buscando gente tonta, y uno de ellos voló sobre mí unos segundos. No tuve fuerza de hacer señales, solo lo miraba moviendo sus hélices encima mío, como si una

libélula mecánica me estuviese observando. El helicóptero se marchó y en pocos minutos un rescatista apareció
frente a mí sobre una larga tabla de surf. Me llevó a la ori-
lla del mar sin decir palabra alguna. Jamás olvido su
mirada, parecía decirme en japonés: "debí dejarte morir
por tonto, pero mi trabajo es salvarte".

Hey, amigo, amiga, no fue ese día, ni será hoy para ti,
así que respira, nada, espera, ya vienen por ti.

デカセギ

Muero de pasión

Esto dijo el poeta al ver al hombre en su camino: "El hogar del pajarito es volar y no el nido"; y yo volé… y pasé un tiempo afuera, pasé un tiempo lejos, no importa cuánto tiempo, no importa dónde, un lugar más frío o caliente de repente, donde la gente es medio rara o tal vez diferente. Otra lengua, otra cultura, otra moneda, vida dura, pero yo no soy de seda, si me tumban me levanto, voy luchando, camellando, chambeando, consignando pa' pagar pensión y superar tensión, la pesadilla de la migración, clandestino, inmigrante, un poco mal vestido, otro subdesarrollado que escogió el exilio. En busca de oportunidad y de hacer algún dinero en el primer mundo, con nostalgia del tercero… familia, amigos, parceros, hermanos, son un lejano mundo ahora en segundo plano. Forcé algunas sonrisas y algunas amistades, la verdad, la pasé muy mal muriendo de nostalgia.

"El hogar del pajarito es volar y no el nido"… y yo volé…

Sí, me muero de nostalgia del barrio iluminado, de la sazón de la comida, de mi abuela y sus tajadas. De la cultura, el sabor, la locura diaria, el sueldito bien sudado, de comerme una empanada. Del agua de panela y el pan de la mañana, del asado de domingo, de pedir descuento o

81

fiado, de un niño ahí durmiendo, viejito pensionado. De la muchacha ofrecida, del periódico y su cuento, del grito de alegría por el equipo por el que se me hincha el pecho. Una sonrisa sin dientes, una modelo en el canal, la picardía, la malicia, el improviso general, el negrito ahí cantando y la niña ahí bailando, todo el mundo está en su magia y yo aquí, muriendo de nostalgia: del clima, la rima, la fiesta porque sí, la típica manía de enfrentar todo bailando, la sazón, el sabor, la plaza y su color, la bella forma nuestra de hacer el amor.

Ahora soy poeta viendo al hombre en su camino y digo: "hogar del pajarito no es el aire, es el nido", y yo volví...

Pasé un tiempo bien después de mi regreso, en mi buen ambiente, con mi corazón caliente, con mi lengua y mi cultura, mi moneda y mi gente. Ahora soy de seda, ya no estoy más solito sí, señor, estoy de regreso, ando bien vestido, gastando, abrazando, besando, buscando a mis amigos y algunas aventuras, sintiendo mucho amor, perdiendo la cordura.

Pero el amor no es ciego, debo admitir, lo debo, no niego, que despierto poco a poco, me cae la realidad, viendo a mi gente sufrir, pasarla mal, situación precaria, injusticia diaria. Esa guerra tonta que vive mi país, no, así no se es feliz.

Familia, parceros, amigos, hermanos, nadie pareciera vivir haciendo planes.

Me dio tanta tristeza que forcé algunas sonrisas, algunas amistades, sentir el tercer mundo y nostalgia del primero, ¡qué ofensa!, la verdad, la pasé muy mal muriendo de vergüenza.

Sí, me muero de vergüenza.

De tanta indisciplina, de las llegadas tarde, de la improvisación de la pereza diaria, del sueldo tan sudado, que alcanza para nada, vivir siempre pelado, ¡de estar pidiendo fiado! De la muchacha ofrecida, del periódico sangriento, ¡de ver a la gente herida por el equipo por el que se les hincha el pecho! Una sonrisa con dientes de campaña electoral, de tanta picardía para hacer el mal, la fiesta sin sentido, bebiéndose el salario, ridícula manía de enfrentar todo bailando, del olor de las basuras, del precio, de la usura, de tanta malicia, de nuestra fea manera de hacer justicia, el negrito ahí llorando, el otro está matando, todo el mundo está bailando, la misma indiferencia, yo también ya estoy mirando y muero de vergüenza, me moría de nostalgia y ahora muero de vergüenza.

Latinoamérica es mi casa y no me quiero ir, aquí están mis raíces y sé muy bien qué es lo que pasa, y es que mi raza, necesita con urgencia de buena educación: voy a arreglar, a organizar, voy a limpiar por lo menos mi rincón, sí señor, estoy sintiendo una gran pasión, por el respeto, por ser honesto, por no lanzar ni un papel al suelo, por escuchar sin prejuzgar, por perdonar, amar, luchar, pensar y actuar con inteligencia, despertar más y más nuestra conciencia.

Ya no muero de nostalgia.

Ya no muero de vergüenza.

Ahora muero de pasión y de esperanza por esta, mi bella nación.

Influencia
ÁLBUM MUSICAL: *Seja vive mesmo más nao seja sempre o mesmo*
TEMA: "Brasa"
INTÉRPRETE: Gabriel o pensador

感謝

¡¡¡Ayuda!!!

Creer que logramos todo solos genera una tendencia depresiva y síntomas de arrogancia, en especial cuando se está en la cima. Nada nos llena el alma. Sencillamente: falta de gratitud. La gratitud hace que el mismo éxito no intoxique el alma.

Basta solo una mirada atrás y notaremos que siempre alguien estuvo allí, que incluso aquellos que nos hicieron daño nos enseñaron mucho. Notaremos incluso que hasta el abandono que pudimos haber vivido nos enseña a no abandonar a un hijo. Entonces la gratitud llega espantando la tristeza y desintoxicando el alma.

Para aquellos que están en el camino de la autorrealización pedir ayuda no debe dar vergüenza. Es claro que hay que saber la diferencia entre pedir ayuda y "vivir pidiendo ayuda", "vivir quejándose y esperando todo gratis". La gente que es así se reconoce a leguas. Sin embargo, es un extremo también el no buscar a nadie, sufrir callado y en silencio por vergüenza. Esa vergüenza solo puede ser orgullo, un orgullo tímido, solapado, pero al final orgullo. No poder pedir ayuda puede ser un síntoma de orgullo interno, que la gente confunde con vergüenza. El orgullo de no aceptar un "no" como respuesta.

Pedí ayuda a mi padre como garante en un préstamo para mi primer negocio en Japón. Muy al estilo japonés, fueron tres intentos de rodillas en su cuarto respondiendo sus metódicas preguntas; sirvió la arrodillada, pero sospecho también que la influencia divina de mi madre latina me ayudó.

Pedí ayuda a mis tíos Ricardo y Diana cuando mi hogar parecía acabar y recurrimos a un interesante curso de parejas en "busca de ayuda". Pedí ayuda a la maestra Sandra Méndez para que me permitiera dictar una charla en cualquier salón de la Facultad de Ingeniería de la Universidad Distrital y me permitió hacerlo en el auditorio mayor. Pedí ayuda para enriquecer un tema de liderazgo samurái a un maestro llamado Dioscórides, quien vivió varios años en China y ahora es profesor de bellas artes en la Universidad Nacional de Bogotá.

La lista parece no tener fin, pues a los ocho años grité "auxilio" mirando hacia el cielo, cuando intentaban robar mi bicicleta en un solitario parque del sur de Bogotá: unos jardineros corrieron con sus palas y espantaron a los ladrones. Recuerdo pedalear veloz a casa llorando y con el pecho hinchado de gratitud.

Deje el orgullo, pida ayuda, mire al cielo, también funciona.

恐れ

Perro no come chino

Él era un perro negro en un oscuro callejón y yo un niño caminando por las cuadras de Ciudad Bolívar. Fijamente y por eternos segundos los dos nos contemplamos estáticos, inmóviles, yo paralizado y él parecía una de esas imágenes realistas pintadas en carboncillo.

"Los perros olfatean el miedo", me dije recordando ese famoso consejo que nunca ayuda, así que dejé de sentir miedo y pasé a sentir pavor.

Tomé valor y en un intento de sobrevivir recurrí a una famosa técnica que aprendí en los barrios ante situaciones de esa índole. Me agaché, recogí una piedra imaginaria, cerré mis ojos y se la lancé emitiendo uno de esos sonidos que los humanos juramos que los perros entienden. ¡Chiiiitee!

Emprendí la carrera como alma que lleva el diablo, seguro dentro de mí de que ni el pobre y condenado diablo me hubiese alcanzado. Casi sentía sus colmillos enterrados en mi pierna, me detuve sin aire en la esquina de la panadería donde había luz y miré atrás a aquel lobo feroz, el cual se encontraba más lejos aún, pues seguramente también corrió como alma perruna que lleva el diablo, deteniéndose a mirar atrás, bajo la luz de un poste. Nos contemplamos esta vez en calma y con un sinsabor de alivio un poco ridículo.

Cierta vez oí decir a un psicólogo que el 80% de los temores que acechan nuestra mente nunca acontecen. El escritor español José Ovejero dijo que el mayor enemigo de la felicidad no es el dolor sino el miedo. Ya el patriarca Job, aquel hombre justo entre todos los demás según la Biblia y que no había hecho nada malo pero que le pasó de todo, explica sus tragedias diciendo: "lo que más temí, eso me aconteció".

Yo, por mi parte, solo le cuento a mis hijos la historia del perro negro que me quería comer y fantaseo imaginando a aquel perro reunido con sus cachorros, contándoles sobre el chino amarillo que casi se lo come en un callejón.

Aquella noche ya tranquilo vi bien las cosas: el perro no era negro, la calle no era tan oscura y yo no soy chino.

No sé si los chinos comen perro, pero estoy seguro de que el miedo se come nuestros sueños.

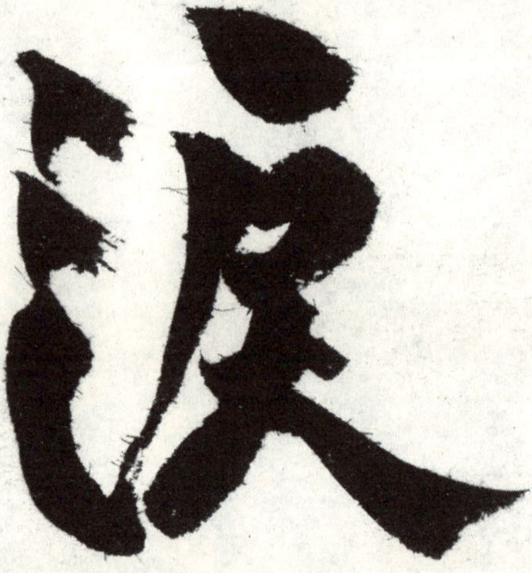
涙

Días de lucha, días de gloria

Una vida más que deja de respirar. Un corazón que ya no late más, descanse en paz. Estas son nuestras historias, días de lucha, días de gloria. Y ahora la casa sin él parece un cementerio. Y es que es tan duro no verlo en medio, mas no hay remedio. No hay explicación, no hay regreso. Los amigos no aceptan, los hermanos ni lloran. La familia no asimila lo que aconteció, nadie logra entender por qué el muchacho murió; se llevan sin pensar a un joven tan inocente, su abuela creyente está sentida con Dios, su papá se ve más viejo, más serio, más triste y su mamá simplemente no resiste, ya no habla, no se siente, pareciera que no existe.

Todo el mundo a toda hora tiene ganas de llorar al recordar el muchacho que con fuerza decía: "Yo voy a ser *alguien* un día". Una víctima más de un mundo tan violento. Si Dios es justo, ¿quién hizo este juicio? ¿Por qué, un joven que vivía tan sonriente, tiene que perder su vida así tan de repente? Un muchacho que adoraba vivir, realmente es imposible entender y ninguna respuesta será capaz de traer de nuevo paz a la casa del muchacho. Nunca más nuestras vidas serán como antes y miramos hoy su foto en el estante. Un muchacho feliz, un muchacho sonriente. Se siente su presencia en el ambiente. La esperanza de que él se encuentre bien allá en el cielo no disminuye el vacío que nos dejó. Será insoportable ver llegar su cumpleaños, ver su ropa en el armario, esperando que vuelva de sorpresa y que pregunte qué hay de comer sobre la mesa...

La tristeza a veces es demasiado fuerte, pero no lo suficiente para no seguir, para no luchar y vivir, para honrar su muerte. Sufrir no es solución, es mejor tener prendida una llama en el corazón y nuestra fe muy, pero muy consciente de que un día nos veremos todos de nuevo, de seguir nuestra historia allá en el cielo, pues estas son historias, nuestras historias de días de lucha, días de gloria.

Influencia

ÁLBUM MUSICAL: *Quebra cabeça*
TEMA: "A onde vai o sol"
INTÉRPRETE: Gabriel o pensador

兄弟

Etiquetas

Esta es la historia de dos hermanos gemelos, el bonito y el feo. Desde muy temprana edad el bonito decía que su hermano iría a parar al rodeo, a hacerle caras al toro y dejar la bestia rabiosa. "Silencio, tontico", respondía el feíto. Por otro lado, el feo a la calle salía, sin la menor vanidad, a conquistar la ciudad. En toda fiesta del barrio al feíto invitaban y el bonito lloraba si una espinilla le nacía: "No llore por eso", le decía el feo, "que ellas apagan la luz y ahí comienza la fiesta".

Al ver a su hermano tan bonito, pero tan acomplejado, verlo tan lindo y vivir amargado, el feo enunció un proverbio acertado: "La hermosura es pasajera, mas mi fealdad es un don que Dios me dio la vida entera".

Niña, ven aquí, ven, no temas.

Dicen soy cien por ciento feo, no lo sé, no lo creo.

Dicen feo, pero te hago feliz con mi verbo gentil.

Es mejor feo y maduro que galán infantil.

Así que piensa en un actor,

que yo pienso en una actriz.

Apaguemos esa luz que mi amor es ciego también.

Es al feo que ellas piden más,

un feo no vacila, un feo lucha más;

el feo es decente, es valiente y llega en punto,
un feo inteligente nunca queda sin asunto.

Ahora, el bonito es diferente.
Confía en su belleza tan incoherente,
es bonito pero todos saben que es patán.
En cambio, del feíto simplemente gritan "es bácan".
Carisma increíble,
su labia infalible
belleza invisible.
Soy feo, ¿e irresistible?

Ahora una historia antigua pero real. Dicen que un par de gemelos, Pedro y Renato, nunca se odiaron, pues la naturaleza de Dios es sabia: el feo siguió siendo feo y el bonito se operó la nariz y quedó feo también. Y así viven felices en Río de Janeiro, Brasil. Finalmente, mis queridos lectores, creo que no hay gente fea ni bonita, solo gente que se comporta muy feo y otra que sencillamente es belleza pura, o como dijo el filósofo José Ortega y Gasset (1883-1955): "La belleza que atrae rara vez coincide con la belleza que enamora".

Influencia
ÁLBUM MUSICAL: *Caveleiro Andante*
TEMA: "Rap do Feio"
INTÉRPRETE: Gabriel o Pensador

わがまま

Arrullando a mi ego

Arrullaba yo a mi ego en los brazos de mi juventud, le recordaba que lo amaba, que solo quería lo mejor para él, que soñaba con que fuera exitoso y admirado por todos, un reconocido empresario, un artista famoso o tal vez solo un ser muy feliz y lleno de salud. Así arrullaba yo a mi hermoso ego.

Acariciaba yo a mi ego ofreciéndole deleites de esta vida, como el placer de la buena comida, el que produce la diversión con los amigos o el bello placer del sexo. Este último resultó ser muy bueno e insaciable para un joven que a los escasos veinte años descubría el mundo.

Pero mi concepto de disfrutar y ser libre se vio atropellado cuando unos meses después de buen sexo ahora estoy con un bebé en mis brazos, no para de llorar y son las tres de la mañana, a la madre una faja le aprieta su deformado vientre, ya no puedo besar con pasión sus enormes y bellos senos porque son ahora propiedad de aquel bebé que no para de succionar hasta dejarlos heridos y sangrando.

Así empezó la lenta muerte de mi pobre bebé egoísmo. Quién iba a pensar que sería justo el maravilloso mundo de la pasión y el erotismo el que dejaría la puerta abierta para que entrase el bendito amor. Los maravillosos senos de mi esposa resultaron ser albergues de amor materno que ahora sacian la sed de este bello niño que está en mis brazos.

Mi egoísmo sufre dolores de parto en este duro proceso de ser padre, odio ser despertado sin un motivo importante y mucho menos a altas horas de la madrugada, y ahora estoy aquí, a las tres de la mañana arrullando a un bebé. Siento dolor de tener que dejar a un bebé para cargar otro.

Me niego a perder mi paz, mi tranquilidad, mi libertad y mi felicidad. La libertad de vivir sin rumbo fijo, de no tener dónde llegar ni dónde ir, como un pájaro errante de árbol en árbol sin nido fijo. Me niego a entregar mis alas y mi... ¡discúlpenme! Después sigo escribiendo, mi hijo llora otra vez, ya vuelvo.

¿Qué pasa, mi bebé?; ¿qué pasa, hijo de papá? Aquí estoy para cuidarte, mi lindo varoncito.
Feliz día, mi amor, tú me diste la alegría de ser padre.

Yokohama, Japón, 7 de diciembre de 2001

帰るやし

Me largo

Para aquellos que les cuesta horrores terminar, que no tie-
nen la firmeza de decir "hasta aquí llegamos", sea hombre,
mujer o quien sea, les dejo este mensaje que escuché hace
años en Japón.

Me largo. Es que no puede ser normal que le dé la mano y ella muerda el brazo, yo no soy payaso, por eso mejor... yo me largo.

Mire que ya lloré una chorrera, que después de una vida amarga, yo me largo como el agua y que no se le ocurra cerrar la llave, pues mis heridas continúan muy abiertas, ¡ay, mi niña!, si tú fueses más experta, hoy no estarías implorando mi amor y cuando lo tuviste nunca le diste valor. Ahora tienes miedo de quedarte con un cero, pero en este tren ya me duele a mí el trasero, me quedo aquí, en la estación de libertad, que siga así, hasta que llegue a soledad, que tome mi retrato, vea mi sonrisa y ejercite la memoria. Recuerda los bellos roles de esta historia: todas las horas felices que entregué, todas las cicatrices que guardé. Cada mensaje bonito que escribí, todo ese silencio que a cambio recibí. Todas las rosas que te hice llegar, todas las espinas que me tuve que tragar.

Ahora sé que tu conciencia pesa muchos kilos, ahogándose en unas lágrimas de cocodrilo, pero yo me voy de aquí y me subo a otro barco, yo me largo.

Amor, también fue dicho para expresar un adiós, *arrivederci*, *sayonara*, *good-bye*, hasta la vista, voy y a volar, salir de la jaula, voy a sacar mis alitas pa' fuera.

Llegó la hora de vivir, soñar, saltar, todo lo que nunca hice, hecho un viejo sumergido en mi plena juventud. Tú, tú, tú, tú deberías alegrarte con el bien que ya lograse, soy tu ex como soñaste, pero no te sientas mal que yo ya no estoy sentado, ando volando lejos de mi dolor de cabeza, la conciencia no me pesa, yo me largo.

Basta de bobadas y de centros comerciales, basta de zapatazos caros, blusas y animales, nuestro barco naufragó y yo no lanzo salvavidas, suelta ya mi ancla o llamo a la policía.

"Marinero, marinero, sabe bien la hora de zarpar...". Estoy al mando, estoy evacuando, cambio y fuera, y si quieres llorar, pues llora, sí, señora, porque yo me voy ahora. Soporté todo lo que podía, es mejor vernos otro día, o quien sabe "hasta nunca más".

Lejos yo de ti, voy a vivir en paz. Amor, solo es bueno cuando dura, pero hace mucho tiempo que me aguanto esta tortura, *baby*, *maybe you don't understand*. La llama, después de ser ceniza ya no prende, tu drama ya no me conmueve, este *love* ya llegó a *the end*.

Influencia
ÁLBUM MUSICAL: Nadegas a declarar
INTÉRPRETE: Gabriel o Pensador

ちの方

El aplauso

No podía vivir sin salir a la calle. Por lo menos eso pensaba, así que recibí más reprimendas de lo que debería por mis largas horas desaparecido en la zona pobre y deprimida de Bogotá. Las calles resultaron ser una aventura diaria, en especial para mí que crecí parte de mi infancia en lujosos apartamentos del barrio El Cangrejo, en Ciudad de Panamá. Todos los días pasaba frente a la casa de "Mano de Piedra" Durán, el famoso boxeador, que poseía un león real que nunca logré ver. Pero quedarme con los abuelos en el sur de la capital colombiana era una aventura sin precedentes; no había rejas ni guardas de seguridad que impidieran mi salida, solo laberintos de barrios conectados por estrechas calles, sucias quebradas llenas de túneles y algunos precarios parques abandonados muy propicios para simular una guerra o el rescate de un secuestro como veíamos con frecuencia en las noticias de Colombia. Salir a la calle se convirtió en mi pasión y llegué a pensar que mi vida sería imposible sin ella, algo así como quitarle el iPhone a un adolescente en la actualidad.

En la vida de barrios populares en Latinoamérica, la ley para un niño es seguir las indicaciones de los adultos al pie de la letra:

Aléjese de la gente que esté consumiendo droga o alcohol.

Acuéstese en el suelo si escucha disparos.

Párese firme y tranquilo si un perro le ladra, si este persiste simule tomar una piedra del piso; recuerde que, si corre y el perro lo muerde, una inyección contra la rabia va doler más que la misma mordida del animal.

Nunca olvide correr si están robando a alguien, pero si es a usted a quien están robando, no corra, déjese, que finalmente usted no anda con millones y la vida está muy cara en estos días.

No reciba nada de nadie porque nada es gratis en esta vida y hay también mucha gente pervertida que querrá tocar sus partes íntimas.

No le cuente a nadie los negocios de la casa, ni su procedencia asiática, aunque sea evidente.

Hay que ser experto en desconfiar de todos y también seguro a la hora de pedir ayuda.

Con esta serie de indicaciones era obvio que muchos niños simplemente no salían sino al frente de sus casas, mientras yo le daba dolores de cabeza a todos huyendo por cualquier hueco que podía.

Cierta vez me quedé casi un año con los abuelos por un accidente y entré a una pequeña escuela del barrio. Una niña nueva llegó a nuestra escuela, su cabello rubio combinaba perfectamente con sus ojos claros y sus pecas color café. Se reía de todas mis ocurrencias y yo no podía parar de hacer maromas para impresionarla. Estaba perdidamente enamorado. Le pregunté si esa tarde la dejarían salir a la calle. "No puedo porque tengo que cuidar a mis hermanos", fue su respuesta. No entendí a qué se refería, pero ella siempre me respondía lo mismo.

Una vez la seguí hasta su casa y me aprendí el camino. Luego volví y toqué a su puerta.

—¿Quién es?

—Soy yo, Kenji —le grité del otro lado del portón de hierro.

—¿Cómo sabes dónde vivo?

—Te seguí desde la escuela la otra vez… ¿No puedes salir?

—No puedo, estoy encerrada y cuidando a mis hermanos.

—Es mentira —le dije y escuché esa risa ya grabada en mi mente.

Abrió una pequeña ventana en el portón de hierro a la altura de un adulto, trepé y me colgué de esta clavando mis pies en el portón y soportando un dolor intenso en los dedos de mis manos, y entonces la vi. Vi el rostro de la pobreza reflejado en aquel pasillo oscuro, en el ladrillo corroído y lleno de humo, en el piso de tierra y pedregoso, en el pañal a reventar que colgaba de uno de sus tres hermanos, en los mocos del otro que también colgaban, bailaban al son de sus gritos, en el bebé que arrullaba en sus brazos; parecía una niña jugando a ser mamá a sus diez años.

Era más que verdad, ella no podía salir a la calle a jugar conmigo, no solo porque la puerta estuviese cerrada con llave. Realmente tenía que cuidar a sus hermanos mientras mamá llegaba. No pudiendo soportar el dolor en mis dedos bajé a descansar y luego repetir la tortuosa operación. Así hablamos un rato. A mis diez años aprendí a fingir el dolor y ella seguía riendo ante mis infantiles ocurrencias.

No soy un feminista por la sencilla razón de no aceptar las etiquetas, pero sí tengo una simpatía dantesca y un respeto sagrado por la mujer y sus duras historias; al final esas historias han formado también a millones de mujeres de carácter fuerte y liderazgo firme.

Teresa de Calcuta dijo que el hambre de amor es más difícil de eliminar que el hambre de pan, y esa mujer sí que sabía de pobreza.

Yo buscaba la calle por puro gusto y fue el primer vicio en el que casi todos caímos en el barrio, vicio del cual muchos no volvieron vivos y otros hasta hoy no han podido salir. En algún momento la vida me rescató y aprendí a quedarme en casa, donde una mamá de ojos claros que combinan con su cabello castaño, pero ya sin pecas, enamora a mis hijos con esa combinación de firmeza, amor y cariño.

ルフイ

El maravilloso arte de calcar

Hay tres caminos que llevan a la sabiduría:
la imitación, el más sencillo;
la reflexión, el más noble;
y la experiencia, el más amargo.

Confucio

Conforme vamos creciendo y dejando de ser niños, parece que vamos olvidando el don de hacer preguntas profundas y reveladoras.

—Señor Kenji, ¿en Japón los niños nacen hablando japonés?

Sentía satisfacción de solo responder, ante tan inocente pregunta:

—No, hijo, los bebés aprenden imitando lo que escuchan, según el país en el que nacen.

Pensaba que era una pregunta inocente hasta que descubrí lo que realmente me estaban preguntando. Una vez más los niños, mis maestros, lo habían hecho. No era solo una pregunta, era una señal, una advertencia: si los seres humanos aprendemos imitando al inicio, ¿en qué momento

115

perdimos esa humilde destreza de repetir, ese maravilloso don infantil tan natural, innato y eficaz de imitar con exactitud y sin remordimiento alguno?

En algún momento del trayecto a la adultez nuestro pecho parece llenarse de un orgullo de singularidad, buscando desesperadamente demostrar que somos únicos, diferentes, singulares, como si no lo fuésemos. Intentando demostrar lo obvio, perdemos el don, el maravilloso don de imitar.

Luego evadimos la imitación con frases como: "yo tengo mi estilo", "lo mío es diferente", "no tengo nada que aprender", "soy diferente a todos los demás" o "Dios es mi única guía".

No hay que imitar a nadie para tener identidad, pero sí que hay que hacerlo para pulir nuestro talento. De esta triste manera, al negarse a imitar, músicos, pintores, artistas y seres muy talentosos, permanecen estancados en fase de "originalidad prematura" donde el talento existe, pero no madura hasta darle nuestra marca personal, nuestro toque singular.

El don de la imitación de la niñez puede ser fácilmente remplazado por la comparación. Ahora comparamos el cabello, el brillo, el carro, cifras y músculos en Instagram u otra red social. Somos tan singulares como nuestra huella digital, pero nos gusta uniformamos de orgullo y competencia.

Desde muy pequeño Kenji David mostró un gran interés por dibujar, dedicando horas al asunto. Cierto día noté con tristeza que comparaba un dibujo que hizo de Lufi, el protagonista principal de la serie One Piece, con uno original que vio en internet.

Me acerqué y contemplé unos segundos los dos dibujos. "Soy muy malo para dibujar, papá", me confesó con desánimo. Como un buen padre amoroso, tomé aquel dibujo lo observé y dije: "Yo veo un gran Lufi... solo que está un poco enfermo y como poseído".

Después de reír un poco y enfrentar esa realidad, decidí darle también un poco de luz. Así que usando una linterna debajo de una mesa de vidrio, fijamos con cinta una hoja en blanco sobre el dibujo original. Luego realice aquella técnica que siempre me libró de tantos mapas y trabajos en la escuela: el maravilloso arte de calcar. En este punto debo decir que, si el lector siente que posee una pasión, un talento escondido, un don sin desarrollar, pero no sabe por dónde comenzar, tal vez sea señal de arrancar imitando, de seguir a un maestro, escuchar a un mentor, imitar a alguien que lo desafíe a hacerlo igual, para después superarlo. Si me preguntan sobre mi formación, puedo decir algunas cosas interesantes; sin embargo, personalmente siento que crecí imitando a todo el mundo, siguiendo a todo al que admiraba, intentando repetir todo lo que consideraba fantástico.

Hoy algunos dicen que desarrollé un estilo original, único. Si eso es así, realmente no sé cuándo aconteció; que yo recuerde, solo andaba imitando.

¡Oh! Si hubieran visto la cara de mi hijo cuando me vio calcando aquel dibujo, una sonrisa se dibujó en su rostro y la casa nuevamente se llenó de dibujos.

王義之

Fantasmas y cebollas

Hay tres cosas extremadamente duras:
el acero, los diamantes y conocerse a uno mismo.

BENJAMIN FRANKLIN

Suena muy bien en los labios de un sabio oriental la frase "conócete a ti mismo". Pero me resultó verdaderamente doloroso ver con claridad cómo, debajo de capas y capas de temperamento, personalidad, gustos, inclinaciones y talentos, la esencia de mi ser se iba reduciendo a casi nada.

A menudo vuelvo a ver algunas películas que causaron impresiones fuertes en mi ser. "¡Otra vez el náufrago!", decía mi esposa. Me impacta cómo, en silencios tan largos y uno que otro grito de Hanks a su amigo Wilson, esta historia logra decirme cosas tan profundas sobre la vida, el tiempo, la mente y la sobrevivencia.

Las películas que ganan un premio Óscar son, finalmente, aquellas que incluso en escenarios de fantasía consiguen reflejar nuestra realidad, nuestras emociones y reacciones, aquellas historias que logran hacernos sentir empatía con nuestra condición humana.

Hace poco me vi recomendando el papel de Kevin Spencer en *American Beauty* a un amigo en particular. Una majestuosa interpretación de la vida y sus giros, la doble moral, la monotonía y las familias conflictivas.

En una de las primeras escenas, Spencer tiene fantasías eróticas con una adolescente de la escuela de su hija, imaginando su joven y bello cuerpo cubierto por miles de pétalos de rosas rojas, imagen frenada abruptamente cuando la esposa de este despierta y lo encuentra mirando al techo y masturbándose a su lado.

Además de lograr una escena excéntrica e incómoda, la película logra captar la triste vida de un hombre que, al perder su identidad y seguridad, desarrolla un carácter torpe y sin ningún atractivo. Una de las lecciones más interesantes de esta clásica cinta es ver cómo el trabajo, los roles de padres, esposos, y las apariencias ante la sociedad se convierten en una acumulación de capas y capas de frustración, matando nuestra verdadera identidad por miedo al fracaso.

La mejor forma de salir de este círculo vicioso de apariencias es desnudarse, librarse de las capas que ocultan el verdadero ser, quedar desnudo y desde ese punto volver a crear el ser. Esto es reinventarse, un proceso doloroso, en especial para aquel que en algún momento alcanzó cierto éxito, pero ahora sabe que si no se reinventa quedará en el olvido.

En un programa japonés para niños cantaban casi todas las mañanas la historia de un fantasma que salía en la noche para abrir la nevera. De todas las cosas que vio una de esas noches, le llamó la atención una cebolla cabezona y pasó toda la noche quitando las finas capas de piel de la cebolla pensando que era un envoltorio muy bien hecho. El fantasma lloró y lloró hasta al amanecer diciendo: "¿Qué tiene adentro, qué tiene adentro?".

Cada vez que descubro una verdad que confronta mis propias creencias y que me obliga a replantear mis principios, siento el vacío de pérdida de aquel fantasma nocturno y enfrento mi orgullo, el cual niega reinventarse.

S.I. Hayakawa, canadiense de origen japonés, maestro, lingüista, psicólogo, escritor y senador de los Estados Unidos, expresó esto en la siguiente frase: "Aquel individuo que admite que sabe muy poco sobre sí mismo es el que tiene mejores oportunidades de descubrir cosas sobre sí mismo antes de morir".

El miedo a enfrentar quien realmente se es, por prejuicios religiosos, estándares de belleza o expectativas sociales, termina siendo víctima del estancamiento, de esa muerte en vida de quien no se reinventa.

Cada logro alcanzado para satisfacer a la sociedad es solo una capa que se acumula sobre la nada donde la soledad termina haciendo su papel. En ese punto cosas como las fantasías eróticas, drogas, alcohol o filtros en fotos que generan *likes* son excelentes analgésicos. La amargura y la depresión son apenas dos síntomas más en la monotonía diaria que ha llevado a muchos a quitarse la vida. Reinventarse tiene su precio, pero ese precio no es tan costoso como seguir en el limbo de las apariencias.

おっぱい

Senos, ranas y un artículo
sobre la leche materna

¿Dónde nace la obsesión de algunos hombres como yo por los bellos senos de una dama? El asunto me acuerda de aquella familia brasileño-japonesa, de apellido Takemi, que me invitó a pasar unas vacaciones en su casa ubicada en Okayama, en el interior de Japón. En una de esas noches me llevaron a cazar ranas, sí, ranas gigantes que resultaron ser un exquisito y cotidiano plato para esta familia oriunda de Minas Gerais, Brasil. Equipados con improvisadas varas de acero que usaban como arpones, nos sumergimos río adentro; toda una odisea para mis diecisiete años. Sin embargo, el arma más contundente resultó ser la linterna, pues las ranas quedaban hipnotizadas ante la luz. El brillo rojizo de sus ojos delataba su ubicación en los arbustos que emergían del agua cálida. La luz realmente las dejaba inmóviles, ciegas, "idas", diría mi madre, como si contemplaran el fin de sus vidas reflejada en nuestras linternas. Mientras uno la enfocaba, el compañero del lado capturaba a la infeliz. No puedo olvidar el remordimiento que sentí ante mi primera víctima ni cómo, después de varias capturas, el asunto se tornó una

123

tarea natural. Finalmente, el delicioso sabor de sus ancas en trocitos apanados como si fuera pollo terminó de borrar todo rastro de dolor en mi conciencia. Lo que sí recuerdo claramente es la mirada fija y lela del anfibio ante mi linterna. Pienso en este episodio y me siento como una rana cuando caigo bajo la hipnosis de la luz de un pronunciado escote en los bellos senos de una dama. Es menos de un segundo, es una mirada fugaz, corta, pero no lo suficiente para no ser notada por mi interlocutora, que en este caso puede ser una dama que se siente orgullosa de hablar con Yokoi Kenji y yo, cual rana de Okayama, caigo en la tentación de observar por milésimas de segundo su escote.

Hace unos años un grupo de jóvenes japoneses me acompañó, representando a Japon, a la Feria de Manizales, en el eje cafetero de Colombia. En uno de los descansos de mediodía, escapamos todos a ver la famosa cabalgata. Más de dos mil caballos de diversos tamaños y colores cruzaron la avenida principal. Abrimos paso entre la multitud para ver estos bellos ejemplares de paso fino con sus jinetes. Al cabo de unos minutos descubrí que mis compañeros japoneses estaban hipnotizados por un solo tipo de caballos: aquellos comandados por hermosas mujeres antioqueñas que lucían botas altas de cuero, tejanos ceñidos a sus estilizadas piernas, sombrero blanco de paja procesada y esos grandes y bellos senos que parecían querer abrirse paso forzando los botones de sus leñadoras. ¿Cómo juzgar a mis invitados extranjeros, cuando ni yo recuerdo bien los caballos de ese día?

¿De dónde nace la obsesión y el delirio por los senos de una dama? Viendo National Geographic me pregunto si en aquellas tribus indígenas donde las mujeres no usan sostén y caminan por ahí con el torso libre, también sus senos son admirados por los hombres de la aldea. O si ya es para ellos como si vieran un par de codos. Me pregunto también si esta obsesión es resultado de la industria sensual de publicidad. De hecho, una serie colombiana tuvo eco internacional con el título *Sin tetas no hay paraíso*, donde mostraba las excentricidades de famosos narcos colombianos cuyo centro eran especialmente jovencitas ambiciosas que, en medio de una cultura mafiosa, se hacían operaciones para aumentar el tamaño de sus senos con el fin de escalar posiciones, cual ejecutivos corporativos, en el oficio de la prostitución.

Otra vez hallé un interesante artículo que forzó una sincera conversación confesional con mi esposa. Le conté sobre unos episodios vergonzosos en los cuales me sentía como aquella primera rana que cacé en el río.

—Sabes, estoy leyendo un artículo que tal vez expliqué ciertos episodios vergonzosos de mi vida.

La frase "episodios vergonzosos" captó su atención, aunque continuó ojeando su iPad y luego de su gesto de "te escucho" proseguí:

—Cuando estoy manteniendo una conversación frente a una dama y esta de casualidad exhibe un bello escote, tal vez un poco pronunciado, de manera involuntaria, fugaz, casi inconsciente pero no del todo, mis ojos caen por milésimas de segundos inclinados sobre el inicio de la curva de sus senos y luego vuelven rápidamente a su posición frontal.

Mi esposa abandona su lectura y me observa tras sus lentes, cual comprensiva psicóloga.

—No hay una premeditación lujuriosa —continuó—, quiero decir, mi mente no maquina "ahora voy a mirar sus senos". Simplemente es una reacción casi involuntaria. Pero lo que me resulta realmente vergonzoso es que la dama unos segundos después, intentando ser natural suba su escote cubriendo su pecho con alguna de sus manos.

Tal vez es solo coincidencia, tal vez piense que su escote se bajó mucho, pero nada me consuela, x pues simplemente sé que ella notó mi mirada a sus pechos, y yo me siento el ser más pervertido del planeta, una rana de Okayama hipnotizada por la luz de un escote.

Hallé consuelo en un artículo en el que, según un psicólogo español, cuando éramos bebés dos enormes senos calmaron el hambre y sed que nos asediaba. Estos gigantes, amables y suaves senos, saciaron de manera salvadora nuestras inocentes vidas. En el proceso aprendimos a llorar por ellos, nos aferramos a ellos como a nuestra salvación e incluso dormimos en ellos. Le leí el artículo a mi esposa después de mi confesión y le dije, "No soy un pervertido, solo tengo trauma de infancia".

Ante mi nueva teoría y hallazgo científico mi esposa habló en su bello acento antioqueño que me recuerda cada día que estoy casado con una hermosa dama de los cafetales de Colombia.

—¡Nooo, mijo! Eso es más falso que una moneda de cuero.

—¿Por qué? ¿No tiene un poco de lógica?

—No puede ser.

—Ni siquiera lo has pensado un poco.

—Ya lo pensé, Kenji, y a mí también me dieron leche materna y yo no le ando mirando los senos a nadie.

Qué lástima; mi esposa destruyó el argumento de lactancia y nostalgia, que de alguna manera consolaba mis vergüenzas y yo, que pensaba explicarle a la próxima dama que notara mis ojos fugaces: "Disculpe, señora, no es que yo haya mirado sus senos con erotismo o perversión, es que me dieron mucha leche materna".

後払い

"Después me paga"

Hay frases en mi familia que, cuando alguien las inicia, todos podemos terminarlas al pie de la letra: son las frases del abuelo Jaime. Oriundo del viejo Caldas, un pueblo llamado Marsella lo vio crecer con ese acento marcado y ese léxico rico en dichos y frases que resumen con destreza situaciones de la vida cotidiana.

A la hora de ofrecer alguna de sus telas, pues además de ser un extraordinario sastre era un vendedor innato, decía siempre con seguridad: "Tengo pa' decirle que eso es una finura, de lo mejor que hay en el mercado y por ese precio, mijo, ¡lléveselo que eso es un regalo!".

Tal vez muchas veces rechazaron sus ofertas, solo que yo no vi eso. En mis recuerdos veo a mi abuelo doblando la tela, empacando los botones en bolsas de papel o entregando los zapatos a clientes, incluso sin que estos le hubieran dicho que sí iban a comprar el producto. Ellos recibían el paquete con la misma cara que ponen los pacientes cuando van al médico y se sienten seguros cuando oyen las palabras apacibles de un doctor. Si la persona llegaba a decir que no tenía dinero, mi abuelo le decía "eso es lo de menos, después me paga".

Dice mi abuela que, en un principio, en el barrio San Francisco al sur de Bogotá le llamaron "el sastre"; luego, por su acento, le decían "el paisa" pues así se le conoce a las personas de la región de Antioquia en Colombia, pero gracias a esa peculiar forma de tratar a las personas e impulsarlos a "salir adelante", como él mismo decía, todos terminaron diciéndole con gran respeto "don Jaime Gómez".

Además de trabajar con telas, mi abuelo compraba cueros, carnaza, lonas, herrajes, cartones, papel y otras cosas. Sus compras siempre tenían dos grandes particularidades, eran en cantidades enormes y ya no tenían valor comercial. Los adquiría de empresas que visitaba y que no tenían más espacio para esos "sobrantes sin valor", luego terminaban agradecidas o incluso pagando un dinero porque mi abuelo se llevara esas enormes cantidades de materia prima. Él tenía la capacidad y la pericia de encontrarles una función, una utilidad, un propósito.

Por unos pesos de propina, los jóvenes vecinos de la cuadra corrían a nuestra casa para ayudar a bajar la mercancía. El abuelo tenía una casa grande con una terraza que servía de bodega, todos corrían a ella cuando veían los camiones parar al frente, mientras la gente del barrio murmuraba con intrigante emoción: "¿Ahora qué se irá a inventar don Jaime con eso?". Mi abuela, por otra parte, se preguntaba con preocupación cuánto le habría costado todo eso, pero finalmente nadie objetaba, pues su destreza terminaba siempre traducida en buena economía para ajenos y el hogar.

Me aparté del abuelo a los diez años, cuando fuimos a vivir a Japón con mis padres, pero antes de eso salté, corrí, me revolqué e hice innumerables fuertes de guerra con aquellos rollos de plástico, montañas de espuma sintética, envases, retazos de telas coloridas, lonas gigantescas con imágenes de actores famosos que habían anunciado películas en los cines de Bogotá, todos traídos por mi abuelo. Invité a mis amigos a escalar el muro de la parte de atrás de mi casa y luego caer en la bodega del abuelo, donde las texturas y tamaños eran alimento para mi imaginación creando un sin fin de universos donde jugar.

Para fortuna de Cecilia Gómez o "Chila", como le decimos a la abuela, el abuelo siempre logró vender los extravagantes volúmenes de mercancía que llegaban sin propósito. A veces lograba convertir esa materia prima en lucrativos negocios para algún socio en quiebra o amigo de la familia y este terminaba viendo al abuelo como un mentor y salvador. Tal vez por eso el día de su funeral, familias prósperas del barrio San francisco alquilaron varios buses para acompañar a la gran cantidad de personas que asistieron a su entierro, dicen que fueron más de seiscientos.

Como es costumbre hasta hoy, la gente contaba historias de cómo don Jaime Gómez les había cambiado la vida con su filosofía de empuje, emprendimiento y el negocio que se inventó con algún producto del cual vivieron varios años. La frase era repetida por todos: "¡Era un producto finísimo, lo mejor del mercado en esa época y a ese precio, eso era un regalo!".

Vi al abuelo Jaime metido en problemas con la abuela Chila porque de repente un hombre entraba en la casa y se llevaba el comedor, "él lo necesita, es un desplazado de la guerrilla", decía el abuelo. Nunca faltó nada en la casa. El abuelo fue un hombre próspero, pero todos sabíamos que con él al mando no podíamos aferrarnos a nada material por mucho tiempo, su filosofía de hacer fluir las cosas hizo que por la casa desfilaran todo tipo de cosas, pero nada se estancaba en el tiempo. Fue un cáncer lo que derribó a aquel hombre tan peculiar que cargaba bultos de mercancía en su espalda y nunca se quejaba. Postrado en una cama, ya sin poder caminar, llegamos a anhelar su descanso eterno para no verlo sufrir más, pues, aunque siguiera sin quejarse mucho, es difícil ver a un ser tan independiente, fuerte y emprendedor, depender de todos para todo. Una vez llevamos al abuelo al baño para que hiciera del cuerpo pues no tenía fuerza para caminar. No lo sostuve bien y resbaló quedando colgando de la cortina plástica de estampado de flores amarillas que dividía la ducha. El abuelo logró sentarse sin quejarse. Salí corriendo y lloré a solas por mi estupidez y su triste estado.

Antes de su muerte, todos los días venían personas que eran desconocidas para mí, visitaban al abuelo y le traían regalos, sin poder ocultar en sus caras la tristeza de ver a aquel mentor reducido a un anciano raquítico y enfermo. Antes de irse nos llamaban aparte y contaban historias de cómo los había ayudado don Jaime con algún negocio, como si fuesen confesiones que los llenaban de gratitud. La frase que más repetían era "él creyó en mí cuando llegué sin un peso a Bogotá".

Un día, en medio de su enfermedad, el abuelo deliró y le pidió a la abuela que sacara todos los pantalones y camisas que él tenía, pidió que las plancharan muy bien. Según él, y sin dar explicaciones, quería ver colgando frente a él, justo en la pared, toda su ropa.

La abuela y la tía Diana no pudieron negarse al pedido del moribundo y plancharon todos sus pantalones y camisas, guardando un respetuoso silencio ante tan triste petición, pues caminar ya le era imposible.

Al día siguiente un hombre lo visitó y por la puerta entre cerrada se escuchó una frase del abuelo, susurrada como un secreto que salió de sus labios, sin la misma fuerza pero con toda la seguridad que lo caracterizaba: "La tela de ese pantalón es finísima, es de la mejor marca que hay en el mercado y a ese precio que le estoy dando, lléveselo, mijo, que eso es un regalo".

Mi abuela casi muere de vergüenza. Mi abuelo no deliraba. Don Jaime Gómez cayó en la tentación que lo persiguió toda su fascinante vida, así, vendió o regaló todos sus pantalones y camisas. Como no aceptaba un no como respuesta, se escuchaba tras la puerta: "Llévelo, mijo, después me paga".

スカート

Lo simbólico,
mi abuelo y la historia

Sé que no soy feminista, es solo que pesa demasiado la historia. La balanza siempre se inclinó en contra de ellas.

En la antigua India cuando un hombre importante fallecía era enterrado junto a sus pertenencias y bienes. Luego sus esposas eran quemadas vivas ya que al ser consideradas como objetos personales debían perecer con él. El acto hizo que Guillermo Carey, aquel famoso misionero inglés "virara el rostro" y decidiera luchar en contra de esta práctica.

En la ocupación de Japón a Corea, el Imperio del Sol Naciente prostituyó niñas y jóvenes coreanas que murieron al ser violadas por pelotones enteros. La mujer es vista como botín en tiempos de guerra y recompensa en tiempos de violencia.

La Historia sigue pesando, ya que aún en la actualidad en más de veintiocho países de África y Asia mutilan los órganos genitales de la mujer cuando aún es niña por ese mito religioso de que sentir placer sexual es bueno para el hombre, pero en la mujer es un asqueroso pecado. El caso que estremeció al mundo en el 2016 de aquella niña yemení de ocho años que murió la noche de bodas, desangrada por los ultrajes de su marido de cuarenta, se repite con frecuencia debido a la violencia justificada en algunos países que están a favor del matrimonio infantil.

No deseo hablar de cifras y estadísticas porque ese tipo de números me producen tristeza, pero no hay que ser ciego para no darse cuenta que la balanza pesa a favor del género masculino.

Por esta razón, en el 2018 decidí correr la Media Maratón de Bogotá en falda. Soy de aquellos que aún cree que lo simbólico es un arma poderosa para crear conciencia en la sociedad, o por lo menos en mis hijos. Sí, tenemos hijos hombres y deseo que sepan que papá corrió en falda la Media Maratón de Bogotá en contra del feminicidio.

Por último, les revelo una imagen que jamás deseo olvidar. Mi abuelo Jaime Gómez, "el paisa del barrio San Francisco", falleció de cáncer y en su lecho de muerte, frente a mí, acarició el rostro de mi abuela diciendo: "Kenji, ¡esta es la mujer más linda de la historia!". Luego mi abuela me contó que a él no le gustaba verla lavando la loza ni la ropa y la presionó para que invirtiera su tiempo estudiando. Mi abuela se graduó de la secundaria después de los cuarenta años.

Nos vemos mañana, en la plazoleta de la Biblioteca Virgilio Barco, uno de los puntos de encuentro de la media maratón de Bogotá, recuerde estoy en falda, no me mate.

Bogotá, 28 de julio de 2018

乳

Tomb Raider y la tía Lucinda

Buscando culpables referentes al tema de mi inclinación por los senos, del que hice referencia en otro capítulo, recuerdo un episodio insólito que me ocurrió en Colombia antes de cumplir diez años, que fue la edad a la que llegué al Japón y donde los recuerdos de mi tierra natal cobraron color y vida, seguramente por la nostalgia.

En Japón, en la familia Yokoi somos seis primos, pero en Colombia, sin miedo a exagerar, somos más de cien. En una fiesta familiar llena de música, comida y mucha algarabía, como bien lo saben hacer en nuestra cultura latina, estaban presentes los primos César y Álex con quienes crecí en el barrio; la bella prima Paola siempre cantando; los primos criados en la finca con sus historias de fantasmas y de bichos gigantes que comían familias enteras; el primo Gustavo quien al ser mudo emitía sonidos que todos entendían, menos yo. Cada uno con su historia y talento a presentar en un círculo folclórico de color latino.

En el momento de la "terapia", que hoy sería lo que llamamos *bullying* y que en esa época era el simple hecho (y muy importante por cierto) de burlarse de todo aquel que se descuidara. Yo fui foco de atención por mis rasgos orientales en innumerables ocasiones. Fui objeto de todo tipo de bromas que pasaban por la imitación de las artes marciales, acentuadas por un mal pronunciado "ChakiChan" o "Bruslí", hasta chistes en los que imitaban el acento chino, todo lo cual era seguido de carcajadas. Hoy admito que fue saludable el sentirme tan querido y recibir esas dosis que, sin querer, fueron vacunas contra la vergüenza y el bullying a temprana edad.

Sin embargo, ese día cruzaron la línea. "Se pasaron", dirían en Colombia, pues alguien dijo algo referente a mi época de lactancia y esto desató carcajadas en los presentes. El comentario fue tan atroz que me paralizó de vergüenza y sentí un poco de náuseas. Fue la tía Lucinda, quien con su mirada risueña y pícara, dijo firme y alto una frase que quedaría grabada en mi mente para siempre:

— Kenji, no se ría de a mucho que usted también, papito...

— ¿Yo también qué tía?

— Usted también bebió de estas teticas.

Mientras decía esto la tía se daba golpecitos con la yema de sus dedos sobre sus grandes y bellos senos. Las carcajadas resonaron como en cámara lenta, pero sin que esto me importara busqué el rostro de la verdad, miré a mi madre a los ojos para recibir una defensa ante la locura que acababa de pronunciar la tía y que, por supuesto, no podía ser verdad. Peor aún fue la frase que salió de la boca de mi madre:

—¡Dele gracias a Dios por su tía, no ve que a mí no me salía leche! Y su tía, que producía por chorros, ella, ¡generosamente lo alimentó!

Dicho esto, mi tía parecía tener una sonrisa en cada ojo y moviendo su cabeza con una mueca de dignidad acentuó:

—¿Vio, mijo?, yo le dije que usted también tomó de estas teticas.

Debo aquí agradecer a mi tía Lucinda por brindarme parte de la leche materna de mi primo Carlos, de quien me separan solo quince días de nacimiento; le debo una o dos tal vez.

En una vergonzosa confesión a mi esposa sobre episodios que involucran los senos de una dama, saqué a relucir esta historia de infancia diciendo:

—La culpa es de los latinos porque sus chistes no tienen límites.

Pero culpar a mi tía por su comentario no funcionó y solo parecía justificarme. Así que decidí culpar a la mafia. Sí, por fomentar las siliconas o la industria de estereotipos femeninos en películas y redes sociales que me hacen imaginar un futuro no muy lejano, donde las niñas verán con decepción las muñecas que reciben como regalo en Navidad al ver que tienen pecho, pero no tanto. Luego, sentirán alivio pues en la caja vienen incluidas unas prótesis mamarias para sus Barbies. Suena descabellado, pero no como el creciente número de víctimas que cobran la anorexia y otras enfermedades producto de los estereotipos.

Desde algunas ranas en Okayama hasta los recuerdos de la tía Lucinda este texto va cambiando de color, pasando de mi erotismo a una realidad latente en la mujer. Así, deseo cerrar este texto con María, joven mujer de bello rostro y figura, siempre la ubicaron entre la más linda de las primas de su familia. Su esposo, Ramiro, un hombre trabajador y amoroso lograba junto a sus dos saludables hijos, Felipe y Daniel, hacer brillar sus ojos de felicidad y alegría. La palabra cáncer que salió de los labios del doctor opacó el brillo familiar con un eco tenebroso. Pero había esperanza: si María se sometía rápidamente a la extirpación de uno de sus senos.

Al finalizar la cirugía, María confiesa en su diario con lágrimas que diluyen la tinta, su terrible sentimiento:

"No soy una adolescente, he estado segura de mí misma, pero en este proceso siento que perdí no solo una parte de mi cuerpo, sino mi identidad, feminidad, sensualidad, veo mi pecho y me siento menos mujer. Me siento fea, deforme. Me siento insegura e inestable y tengo miedo de sentirme así toda la vida…".

Unos meses después de la cirugía, María encuentra su diario, al leer aquel borroso escrito del hospital, decide detener sus quehaceres y continuarlo, ahora una sonrisa refleja paz y dignidad:

"Ya estoy bien. Ni siquiera necesité llegar a la casa para descubrir que soy mucho más que un seno. Tengo un esposo que me ama y me respeta por encima de mis caprichos y temores. Dos bellos hijos me esperan y querían ver a mamá para interponer las mil quejas acumuladas por mi ausencia. Repetir que les hace falta mi comida, mi cariño y por eso inclinan su cabeza para que los acaricie, quieren a mamá con o sin seno. Tengo una madre que me cuida como si aún tuviese ocho años. Me siento muy amada y grata con Dios por mi vida y hogar".

Mi erótica obsesión y los estereotipos son reducidos ridículamente ante historias tan reales de esta vida. Fui *fan* de los gruesos labios de Angelina Jolie y sus enormes senos cuando interpretó una guerrera futurista en *Tomb Raider*, jamás pensé que años después superaría toda hazaña de ficción cuando en la vida real, después de tanto tiempo, decidió someterse a una mastectomía, cirugía para extirpar totalmente sus senos y asegurar su salud por encima de su imagen.

Agradezco a mi tía Lucinda por amamantarme cuando era un bebé inocente.

Agradezco a *Tomb Raider* por despertar primero el deseo erótico, luego el respeto ante una mujer poderosa y ahora vergüenza.

Sí, vergüenza, por ser tan básico ante tan profunda belleza.

天使

Andahuaylas, Perú

Muy de madrugada, cuando los espíritus rondan y entonan cánticos en quechua por las calles de Andahuaylas, en un arrebato de esos también espirituales que pocas veces me saben dar, corrí desde el hotel hasta la casa de José María de Arguedas. Aquel hombre desbordó su intelecto, pasión literaria, poética y musical por su tierra, sus raíces y su gente.

Así, caminé apresurado por solitarias calles con la melancólica fantasía de ser atendido por el mismísimo Tayta, de escuchar uno de sus cuentos, uno de sus temas o solo beber juntos una copa de hidromiel antes de dormir.

Al llegar a su casa, leí con disfonía dos fragmentos de sus escritos que cuelgan de las paredes de barro, donde expresó de manera explícita su deseo de ser enterrado en Andahuaylas, su tierra y que su gente le cantase de vez en cuando cánticos en quechua.

Entonces esa extraña nostalgia de épocas que no viví y tierras de donde no soy, inundaron mis ojos rasgados, llenándolos de tristeza, cual niño abandonado, a mis casi cuarenta años. No sé explicar esa nostalgia que me llega en ciertos lugares del mundo como en los templos sintoístas en lugares remotos de Japón y ahora aquí, en Andahuaylas,

Perú. Los aplausos de unas horas antes en una conferencia calificada de exitosa, solo aumentan el peso de esta profunda soledad de inexplicable melancolía que me hace sentir tan indigno de la vida.

Pero luego, justo allí frente a su casa, un ángel con alas de águila de cordilleras altas y la fuerza de un puma, en un acto de piedad tal vez por el raro y triste visitante nocturno (pues no encuentro otra razón), hizo lo que nunca antes en los años que lleva allí protegiendo aquel abandonado lugar, había hecho: "El ángel tocó mis labios con un bello cetro similar al de los taitas de los aguerridos Chankas, y me devolvió la vida y el aliento; lo sé porque sentí el frío nocturno de Andahuaylas, y los muertos no sienten frío".

Dedicado a la gente de Andahuaylas, gente de la cual José María Arguedas nació enamorado y en mi visita por tres días tuve el placer de amar también.

先生たち

Moriréis primero

Estoy en deuda. A nadie le gusta tener deudas, pero yo tengo una dantesca con ciertas personas. Lo digo porque caí de repente en un vacío de silencios al llegar a Japón a los diez años. En Colombia me había dado el gusto de decirle a los profesores que "no entendía" por pura pereza. Ahora, realmente sabía lo que era no entender, pasar horas mirando al aire, mirando una pizarra llena de una escritura extraña que no entendía, horas en un salón de clase lleno de incertidumbre y dudas acerca de un futuro nada promisorio. "Hasta aquí llegué", pensé con desesperanza, "hasta aquí llegó el Kenji que habla sin parar, que siempre hacía reír a los otros niños, lleno de seguridad para enfrentar debates sobre algún superhéroe". Ahora la ignorancia me mantenía en un triste silencio, aislado, ahora realmente no entendía ni una letra de las más de dos mil que debía saber si quería por lo menos leer un periódico en japonés.

Entonces aparecieron ellos, los maestros, maestros japoneses que aprendieron español solo por mí, para enseñarme, para entenderme, uno de ellos tradujo a japonés simplificado toda la cartilla de sociales; tuvo que llevarle horas hacer esto. Otros se turnaron para

149

ayudarme, y si tal vez sintieron lástima (porque realmente la producía) jamás me lo demostraron; me exigieron disciplina como a todos, mis exámenes siempre estaban simplificados a mano por maestros que celebraban mis respuestas acertadas como sus victorias personales.

El impacto cultural y el miedo de quedar para siempre en el limbo académico no me dejaronver en esos momentos lo valioso de este acto heroico de los maestros japoneses. Siempre he sentido que no agradecí como debí hacerlo ante tanta entrega y cariño; pero la vida nos da bellas oportunidades y yo la estaba esperando. Cierto día, un maestro japonés me visitó en Colombia y me pidió ayuda diciendo:

—Necesito salvar el lago Titicaca, Kenji.

—El lago qué, maestro?

—Titicaca. Está ubicado entre Perú y Bolivia. El lago más grande del mundo a esa altura, 3812 metros sobre el nivel del mar.

Este maestro japonés había abrazado una causa lejana, distante a su tierra, ajena a su gente pero no a su humanidad. Le pregunté:

—La cuestión es: ¿qué podemos hacer nosotros, maestro?

—Vuestro impacto en redes es grandioso, Kenji, ¿qué tal una conferencia sobre el medio ambiente y me ayudas a promover este mensaje en redes?

—Maestro, es lo mínimo que puedo hacer frente a tanta gratitud, y aún más con una causa tan importante.

Fui con mi amigo Clayton Uehara, un brasileño japonés con quien trabajamos y recorremos el mundo entero desde los dieciocho años. Jamás imaginamos la belleza del lago, el color de su gente, un color amable, tranquilo y lleno de paz y alegría. Visitamos una escuela flotante, dirigida por una maestra nativa, heroica mujer que con recursos propios y algunas ayudas ha fundado ya su segunda escuela.

Las pequeñas islas se mueven, se juntan a festejar, son islas ambulantes donde viven familias como los uros, quienes nos recibieron con cánticos hasta en japonés. Tuvimos la jornada de recolección de basura y desechos tóxicos del lago Titicaca a orillas de Puno, Perú. Confieso que parecía inútil la labor frente a tanta suciedad; sin embargo, allí, había vida y ésta nos dio esperanza. Luego vino la conferencia, las redes funcionaron, más de cinco mil asistentes vinieron al encuentro en un evento sin precedentes en la pequeña ciudad de Puno, donde la gente estuvo horas y horas aguantando una fila para escucharnos. Al final, el Alcalde nos dio las llaves de la ciudad. Me sentí afortunado de tener buenos amigos, maestros y de nacer en épocas de redes sociales y así hoy poder retribuir un poco, solo un poco, de aquello que los maestros japoneses hicieron por nosotros.

Un día antes, cuando salimos en barco por el lago Titicaca, tuve una conversación con el lago, que redujo mis buenas intenciones a una triste y profunda realidad, con ella terminé mi intervención en Puno.

Hoy navegué el sagrado Titicaca, el gran Puma gris, vi como lloraba y me entristeció en gran manera, luego pregunté:

—¿Por qué lloras, acaso te duele nuestra contaminación? ¿Es eso verdad?

El lago me respondió:

—No, Kenji, no me duele nada, en realidad lloro por ti, por ti y por vuestros hijos, pues sois vosotros los que moriréis primero.

Entonces descubrí lo que ya todos saben: que en este asunto del medio ambiente, que en esta tierra y naturaleza, las víctimas somos nosotros y no ella.

ナイロキンタナさん

Nairo

"Hágale, mijo, que usted puede", así me dijo Nairo Quintana, rey de la montaña en el giro Italia, animándome desde su bicicleta. Según él, yo tenía "madera para esto".

Así que le creí y seguí pedaleando. La verdad, intenté disimular la felicidad de encontrar un nuevo talento en mí: "Ahora seré ciclista y si Nairo lo dice…", pensaba mientras avanzaba.

Un grupo de ciclistas se visualiza frente a nosotros. Con su bello acento boyacense, Nairo me anima:

—Hágale, Kenji, pasamos ese grupo y quedamos usted y yo solos.

¡Caramba! Nairo me llamó por mi nombre", pienso con evidente emoción. No estoy seguro de poder pasar a ese grupo y mucho menos de si quisiera intentar competir contra el mismísimo Nairo Quintana, pero el hecho de que me llamara por mi nombre y me tuviese fe, ya era un milagro y si la vida me dio la fortuna de vivir este momento, voy a pedalear con todas mis fuerzas, quién sabe, también iniciar una nueva carrera en mi vida, sin tantas conferencias.

Pensando esto tomo aire y me concentro aún más en

subir una cresta que requiere mucha pierna. Una mujer sale del costado de la ruta y me detiene por el brazo. Casi me caigo y por supuesto pierdo el impulso. Veo el rostro de la mujer y recuerdo que asistía hace años a la institución eclesiástica que lidera mi tío Ricardo en Ciudad Bolívar, en Bogotá, Colombia. Ella siempre llegaba junto a sus cinco hijos y yo me encargaba de entretenerlos, jugar con ellos o enseñarles japonés para que ella pudiera asistir tranquilamente a la reunión. Lo que en realidad no entendía en este momento era cómo años después se me aparece en esta carrera. "¿Cómo es posible que saliese a interrumpir el circuito y me detuviese en un momento tan crucial en mi nuevo talento como ciclista amateur? Ha de ser una noticia muy grave para que haga algo tan atroz como detenerme", pensé en milésimas de segundo.

—¿Qué pasa? —le dije agitado y con evidente molestia por su insólita interrupción.

—Kenji, ayúdeme a ponerle la chaqueta a la niña.

No sabía si ponerle la chaqueta a la niña o maldecir su intervención y ponerme a llorar. Pero ahora, una niña de seis años, con sus cachetes quemados por el viento e imparables mocos en una fría carretera de lo que parecían los Alpes franceses, me mira a los ojos. Su mirada de confianza y seguridad me decían que esa niña y su madre, tenían fe en mí tanto como el mismísimo Nairo Quintana lo hacía. Fe en un líder social que conocieron en Cuidad Bolívar.

Así que tuve que hacerlo, le puse la chaqueta rápidamente con una evidente ira en mi rostro. Subí a la bicicleta intentando olvidar el episodio y arranqué como loco solo para descubrir que no había rastro de ningún grupo de ciclistas ni de Nairo. Ahora pedaleo en la oscuridad de mi sueño que se convierte en evidente pesadilla.

Despierto sugestionado, en mi boca seca hay un sin sabor de fracaso fresco. Busco rápidamente sobre la mesa de noche el bolígrafo y papel que tanto agradezco en los hoteles y rasguño una frase que viene a mi mente antes de ser olvidada: "No te detengas por nada en el camino, a no ser que sea otro ser humano, ningún éxito vale tu humanidad".

髪は腕力に勝つ

Historia al revés

Les cuento esta historia al revés, así como, a veces, la vida misma es.

Seis — Nuestro padre camina todos los días a paso lento, va rengo, tiene un bastón ortopédico en su mano derecha y se dirige a la estación del tren de Nakayama, va hacia su trabajo.

Cinco — Desde mi infancia lo hemos visto salir temprano y llegar cuando ya es de noche, pero ahora sale más temprano, para llegar puntual, pues va a paso lento.

Cuatro — Se negó a recibir su pensión, él prefiere enfrentar su parálisis y trabajar, alega que no estorba en la empresa y aún puede liderar.

Tres — Papá ha perdido funcionalidad de la parte izquierda de su cuerpo, su mano cuelga, pero luego de dos años de terapia, aprendió a levantarse, vestirse y caminar. Mi madre siempre está allí, ayudándole con un cariño que admiro.

Dos — Al finalizar una conferencia en Medellín, Colombia, me informaron que mi padre se había desplomado en medio de una reunión de su empresa en Japón. Ha sido una trombosis, dijo mamá. Está inconsciente.

Uno — Yokoi Tōru, es el nombre de nuestro padre, hace muchos años, cuando yo vivía en Japón él me enseñó una y otra vez, que no era tan importante ser inteligente, que era mejor saber hacer caso y tener disciplina, exactamente dijo: "Kenji, la disciplina tarde o temprano vencerá la inteligencia".

Tengo amigos

Bueno, ¿quién no tiene un par de amigos? Dicen los psi-cólogos que es saludable. La cuestión aquí es que yo tengo amigos creyentes, incrédulos, groseros, pesados, veganos, carnívoros, tacaños y apostadores también. Latinos disci-plinados, organizados, sistemáticos cual japoneses y amigos japoneses irresponsables que van dejando hijos por ahí. Tengo amigos *light*, casi degenerados, completos *nerds*, un poco moralistas, bastante *gays*, homofóbicos y una transexual cuyo cuerpo muchas mujeres envidiarían. Amigos que no pagan, pero siempre me atienden el telé-fono. Amigos mal encarados pero que son un algodón por dentro. Tengo amigos tranquilos por fuera, sí, solo por fuera. Amigos que son santas ovejas y otros lobos de tiem-po completo. Amigos que no respetan mucho y otros que ya lo hacen demasiado. Pero bueno, este escrito es para dejar algo muy claro. Sí, bien claro: son mis amigos y en ningún momento dije que eran perfectos, solo dije que son mis amigos. Algunos de ellos no perdonan una semana sin una llamadita, con otros solo nos hablamos cada año, pero al vernos, la mirada nos dice que "todo está bien", "que estamos pa' las que sea". No tengo tiempo para cambiar a mis amigos, y es que ando demasiado ocupado intentan-do cambiarme a mí. Solo tengo tiempo para agradecerles por aceptarme como soy. No soy tonto, conozco gente que dicen ser amigos, pero solo aceptarían la parte bonita de Kenji, en mi primer desliz, fracaso, error o cagada, señalarán con el dedo y con gusto. Así no son mis amigos; mis amigos me pasarán una almohada, una cobija y me dejarán dormir en el sofá mientras pasa la tormenta. Ya estoy grande y sé la diferencia entre un fan, un seguidor y un amigo pues en algún momento de la vida aprendí o tal vez fueron las muchas pérdidas las que se encargaron de enseñarme que la amistad es demasiado respetable para violarla con fines religiosos, políticos o económicos. Confieso, para finalizar, que, así como la violencia, los vicios o la religiosidad (un tipo de vicio que también ciega) apartó a muchos amigos de mi vida, también la fama y el éxito han menguado la lista. Ya no estoy tan disponible como antes y sé que muchos no soportan esto, realmente lo entiendo y lo siento. Sin embargo, este asunto no es cuestión de culpas, disculpas o explicaciones, tenemos muchos amigos aún vigentes, ellos nos enseñan cada día que debo concentrarme en ser yo y solo yo, un mejor amigo. Sí, eso, ser un mejor amigo en el mundo, en cualquier situación o lugar en que ande respirando.

痛まで

Hasta que duela

Pienso que el mejor estado de la existencia es estar en paz. Sin embargo, creo también y con toda mi alma que estar enamorado vale cada p%^*+# lágrima que se derrama después. "Ama hasta que duela", dijo la Madre Teresa de Calcuta. Cuando falleció la esposa del doctor Sasaki, uno de los sobrevivientes de Hiroshima, confesó a sus amigos que le dolió más esa partida que todas las heridas y secuelas de la bomba misma. El dolor de amor puede parecer trivial ante tanta crisis en el mundo, pero qué sería del mundo sin él.

Sé que hay gente que no duerme por estos asuntos del corazón, también que para muchos pueden ser asuntos tontos frente a otros problemas de la vida, hasta que les toca el turno. Lo importante es seguir respirando hasta hallar la paz, pues si no se respira, jamás se vuelve a suspirar, pero mientras hay vida, hay esperanza.

Hey, duerme, mi niñ@, que todo pasa y pasará, ya verás, ya verás.

頭にセックス

Pensando en sexo

Hay poco que decir ante tan maravillosa fortuna y crea-
ción. El hecho de existir no solo para procrear sino también
para uno de nuestros deleites más bellos y sublimes. Pocos
negarían que el sexo es sencillamente maravilloso. Ahora,
el pensamiento del sexo es otro asunto. Sí, el pensamiento
del sexo y el sexo real son tan diferentes como el cielo es
de la tierra. Y es que pensar en sexo fácilmente se convierte en una adicción insaciable, una constante de casi
veinticuatro horas sumados los sueños húmedos; tanto se
piensa en sexo que finalmente hasta cansa el alma como la
droga deteriora el cuerpo.

El pensamiento del sexo y no el acto, puede ser protagonista y verdugo de los demás pensamiwentos en el espacio
de la mente, un problema más frecuente en nosotros los
hombres, pero en algunas damas también. Resulta triste
que, ante tanto potencial, tantos talentos a explorar y asuntos por aprender, una sola obsesión delirante e insaciable se
instale en la mente y nos reduzca a seres elementales de básica naturaleza animal, guiada solo por un instinto y
eliminando la capacidad de una reflexión profunda.

Es más trágico aún no poder ver personas a mi alrededor, sino cuerpos y más cuerpos, atrofiando así la sensibilidad

de mi humanidad al dar prioridad solo a una parte efímera del ser. En el extremo religioso el asunto empeora pues a este punto todos sabemos que un sistema radical de creencias que evade, inhibe y condena nuestra naturaleza, solo intensifica la malicia, el moralismo y crea potenciales enfermos del pensamiento del sexo.

Hay quien también cree que todo lo dicho antes es un chiste y hacen un serio culto exaltando al "Dios sexo" y su gran industria, la cual con dantescas ganancias y sin escrúpulos logra explotar lo más oscuro de nuestra naturaleza. Sin embargo, en estos días vi al mismo protagonista italiano de más de seiscientas películas porno, Rocco Siffredi, llorar en un documental muy humano en Netflix, donde expresó alegóricamente este asunto del vacío del pensamiento del sexo diciendo: "Me cuelga el diablo entre las piernas".

Y si era difícil cuando éramos jóvenes, pienso lo complejo que ha de ser para nuestros adolescentes este asunto en la actualidad. Pero recuerde, si usted ya creció, deje de pensar en tanto sexo y procure tener más, hacerlo más, pues es demasiado bueno para solo estar pensando.

聖書

Me gusta la escritura

Sin pelos en la legua ni mojigaterías, sin tapujos, veo que así son las sagradas escrituras y por eso me gusta leerlas.

Por ejemplo, que uno de sus reyes más sabios, famoso y rico fuese finalmente un viejo muy pervertido, el cual corrió tras jóvenes prostitutas mucho después de escribir el manual de ética espiritual llamado *Proverbios*, es un dato muy interesante. Y es que para Salomón tener cuatrocientas esposas y seiscientas vírgenes no fue suficiente.

Leo también que aquel niño que derribó al gigante Goliat, generando una de las historias más aclamadas de la escritura, años más tarde mandó a matar, cual sicario de cartel de drogas, a un amigo para quedarse con su esposa; es, una vez más, un dato impresionantemente humano.

Y que uno de los hijos del mismo rey David violó a su medio hermana, Tamar, y luego fuese asesinado por su otro hermano, Absalón, quien, además, en rebeldía contra su padre, por no pronunciarse, atacó el palacio violando a varias de sus esposas.

Todo terminó en un llanto profundo, pues los guerreros del rey David mataron a su propio hijo y este lloró amargamente. Y es que David había sido un buen líder, cantante, guerrero y pastor, pero un pésimo padre. Trágica historia familiar de aquel que escribió el salmo 23.

Leo también que a un hombre que pasa por un pueblo, y del cual solo se sabe que es un Levita, le es violada su esposa por varios hombres durante toda la noche; esta muere finalmente en sus brazos y el Levita, con una ira decidida, toma un cuchillo y separa el cuerpo de su esposa en doce pedazos, luego los envía por las doce tribus de Israel, provocando una de esas batallas épicas de las Escrituras.

Siento que la Biblia no se divorcia del arte, la poesía, el erotismo ni de la misma ficción, pero especialmente jamás niega la realidad de nuestra naturaleza, desde las borracheras de Noé hasta el racismo discriminatorio del apóstol Pedro, todo me recuerdan mi frágil humanidad.

Puedo dudar de que a Jonás se lo tragara un pez grande, pero no de que lo vomitara de náuseas, pues esto es lo más creíble ante lo bajo y venenoso que podemos llegar a ser y saber los humanos.

Creo que es más honesto y digno enfrentar la vida como es, cómo está escrita, y no bajo ilusiones deshonestas, milagros forzados y falsas apariencias de pulcritud, generalmente usadas por estafadores de la fe. No es honesto contar solo la parte bella de la historia ni de nuestra propia historia.

Finalmente, perdonar al enemigo y cambiar venganza por amor son verdaderos milagros que pueden salvar a la humanidad. A veces, tu odio y prejuicio hablan tan alto, que no escucho lo que dice tu fe.

ポルノ

¿Porno?

La abundancia es gratificante, pero hay cosas que en tiempos de escasez se valoran inmensamente, cosas como el hambre.

La larga espera hace que el sabor de la comida, sea un recuerdo inigualable.

Yo, por ejemplo, sentí profunda hambre de conocimiento. Llegué a esperar hasta tres meses a que llegara un bendito libro en español a una de las pocas librerías de Tokio, que para aquellas épocas prestaba un servicio muy lento. Hubiera querido pedir diez títulos del catálogo, pero el dinero apenas alcanzaba para el pasaje del tren hasta Ochanomizu, a más de una hora de casa, y solo un libro.

Cuando el Hagaki (postal) de la librería llegaba a nuestro buzón avisando que el libro había llegado al fin, era emocionante. Me acicalaba para ir hasta Tokio al encuentro de mi nuevo libro en español, mi lengua materna. Regresaba a casa en el tren tasando la escritura, es decir, leyendo lento para disfrutarlo, pues de lo contrario tendría que esperar otros tres meses para tener uno nuevo en mis manos.

Pero al final, caía en la tentación y lo devoraba, lo leía y releía, le hacia el amor al texto y su contexto. No había libro o escritura fea en ese proceso. Por simple que fuera la explicación o retórica, viajaba, sacaba conclusiones e inventaba teorías sobre personajes y situaciones que ni el escritor imaginó. Pero claro, era el hambre, la escasez de libros en español en mi época adolescente la que me hacía sentir hambre de leer y valorar todo texto. El hambre de lectura me hacía alucinar y aprender a hacer milagros con pocas palabras, como cuando una mamá hace milagros en la cocina con pocos ingredientes.

Me pregunto entonces qué será de mis hijos hoy en día, pues por necesidad yo jugaba, literalmente, como aquellos cinco amigos de la serie *Stranger Things*, en una época en la que no había tanta tecnología ni tanto porno. Y es que actualmente no dejan nada a la imaginación.

Hoy paso rápido hasta por las librerías, para no caer en la tentación de comprar un libro con algún título "estratégicamente neuro-programado" que no va a llegar a mi alma ni a mi mente, pues solo terminará ocupando un lugar en el estante, al lado de una veintena de libros que me han obsequiado y aún no he leído, y muy seguramente no lo haré, pues ya no hay tiempo, ni hambre como en aquellas épocas. Y es que el exceso de abundancia mata el hambre de lectura.

Es época de hartura, abundancia, de exceso de información y eso está matando nuestro paladar en muchos sentidos: teniendo tanto, no tenemos nada.

耳をすませば

El arte de preguntar

Los niños aprenden con rapidez pues no sienten miedo o vergüenza de pronunciar, repetir o equivocarse. Preguntar el porqué de las cosas una y otra vez y luego hablar sin parar aplicando sus nuevos conocimientos es una característica saludable cuando se es niño. Al crecer descubren lo que es pasar vergüenza y esto desacelera su aprendizaje.

Lucas, de *Stranger Things*, es lanzado a una tenebrosa dimensión paralela, oscura y llena de monstruos cuando siente miedo. De la misma manera, un episodio vergonzoso o de burla puede paralizar y "no saber" se convierte en sinónimo de vergüenza. El salón de clase grita en coro: "ja, ja, no sabe, no sabe" abriendo un oscuro hoyo de silencio en nuestra mente.

Ya de adultos aprendemos el triste arte de disimular y aparentar. "Es mejor callar, que pasar por ignorante" y como si fuera una partida de póker ahora preferimos aprarentar que sabemos.

El orgullo hace lo suyo y nacen mecanismos de defensa con frases como: "igual no necesito saber eso", o "¿a quién diablos le importa?".

El proverbio salomónico dicta: "Aun el ignorante cuando guarda silencio, pasa por sabio" pero note,h mi querido lector, que no dice que el silencio nos hace sabios, solo que "*nos hace pasar* por sabios".

Lo que realmente nos hace sabios es preguntar, indagar, equivocarnos y arriesgar a errar. Antes que tener una de las conocidas "lluvias de ideas" de un líder, más vale tener una lluvia de preguntas sin disimular la ignorancia sobre el tema a tratar.

El historiador Yuval Noah Harari dedica todo un capítulo en su exitoso libro *De animales a dioses* a una de las etapas más determinantes en el desarrollo de la humanidad: el descubrimiento de la ignorancia. Toda una revolución de conocimiento científico que nació gracias a descubrir que no teníamos respuestas para casi nada. Esta revolución de la ignorancia aceptada nos llevó a viajar, indagar, generar debates y conquistar verdades ocultas.

Esto último también metió en problemas a pensadores como Galileo Galilei al declarar que somos nosotros los que damos vueltas al rededor del sol y no al contrario, pues las autoridades eclesiásticas en épocas antiguas siempre intentaron silenciar, o incluso condenar a muerte, a aquellos que se atrevieron a cuestionar verdades consideradas absolutas. Pero si la verdad es verdad, ha de soportar mis preguntas, mis dudas y cuestiones, ya que solo crece quien pregunta y solo pregunta quien está dispuesto a pasar algunas vergüenzas.

Y usted, mi querido lector, ¿tiene preguntas o vergüenzas?

ヌニラーン

Unicornio, donas y el gimnasio

"Cuando se habla de unicornios, hay que cuidarse del efecto gimnasio".

Una empresa unicornio es un fenómeno de hace unos años para acá, donde de repente y gracias a las redes sociales, varios jóvenes han logrado crear compañías que facturan billones de dólares en tiempo récord, como jamás se había visto en la historia.

En el 2001 decidimos ir al gimnasio con mi amigo Clayton Uehara y nuestras respectivas parejas, dos bellas latinas, a quienes convencimos para afiliarnos todos en un paquete promocional del gran GoldGym de Yokohama.

Pero me costó menos de dos semanas descubrir que el gimnasio no se lucraba de personas que lo frecuentan con disciplina. Su mayor ganancia se basa en aquellos clientes que, como nosotros, pagamos tres, seis meses o hasta un año de afiliación anticipada, para luego no volver.

Todos asistimos el primer día con la emoción de usar la nueva ropa deportiva, los tenis Nike impecables y con la gran esperanza de lograr un cuerpo esbelto. Pocos días fueron necesarios para notar que aquellos que con frecuencia y disciplina van al gimnasio, en realidad parecen no necesitarlo, a mi parecer ya tienen un cuerpo de infarto, deberían estar comiendo o tal vez deberían pagarles por estar allí, pues sus cuerpos sí que atraen clientes que se inscriben y no vuelven nunca más. Solo dejan su dinero allí.

El asunto me parece muy similar a aquellas personas que ostentan un estatus divino en algún reconocido multinivel, que también inflan sus cifras a la hora ofrecer un código de entrada prometiendo marcar tus músculos financieros.

Cada vez que nace lo que hoy llaman Unicornio Empresarial, consistente en dos o tres jóvenes, en promedio de 34 años de edad, facturando billones de dólares gracias a alguna aplicación o servicio en redes, y que ahora figuran en la bolsa, inspiran y ponen a correr a millones de otros jóvenes que, como caballos salvajes, persiguen el éxito.

Yo me hago preguntas sobre este asunto de unicornios y gimnasios:

¿De tanto correr seremos unicornios musculosos algún día?

¿El Unicornio inspira realmente o solo ilusiona a una mayor parte de la manada?

¿Se nace unicornio o puedo convertirme en uno en algún curso de liderazgo?

¿Es solo la fortuna de nacer en épocas de redes sociales, un básico conocimiento y una gran cucharada de suerte?

A veces incluso me imagino que solo soy un caballo obeso, comiendo una dona de chocolate, mientras veo por el vidrio de un gimnasio a un ejemplar de unicornio arcoíris que corre en una cinta eléctrica y le muestra sus abdominales de cifras estratosféricas a mi pobre barriga.

Sin embargo, escribo esto mientras regresamos con mi amigo Clayton de dictar una conferencia para la empresa que fabrica nuestros iPhone; Foxccon factura cientos de millones de dólares solo por fabricar para Mac, pero incluso ellos tienen sus propios unicornios, con los cuales compiten por modelos.

Estoy seguro de que el éxito se puede alcanzar; jamás imaginé dictar conferencias para entidades tan poderosas y alcanzar tanto éxito económico, pero no deseo despertar ilusiones, pues sé muy bien lo que es ser de la masa perdida en los bosques de la incertidumbre, así que me permito terminar este escrito con tres cortos pensamiento de nuestro trayecto.

No se construye de la noche a la mañana, se requieren años de trabajo duro para construir, y solo una noche de estupidez para destruir todo de repente.

Busca y persigue tus éxitos, por pequeños que estos sean, son tus sueños y tus éxitos, deja de perseguir y mirar unicornios que en realidad ni siquiera existen.

Mientras hay vida, hay esperanza. Respira, levántate, sé valiente.

乾枡

Salud

Un gran maestro espiritual envió a sus nuevos discípulos para que espiaran lo que hacía un granjero el fin de año a las doce de la noche. Según el maestro, lo que el hombre hacía era un acto de profunda espiritualidad. Escondidos en los arbustos, los discípulos presenciaron cómo aquel granjero servía dos copas de vino colocando una sobre la cerca que guardaba sus caballos. Levantando la otra copa, el campesino brindó al cielo diciendo:

"Querido Dios, este fin de año quiero desearte lo mejor, perdonar todos tus errores, que si no lo fueron para ti, para mí fueron terribles tragedias, como la pérdida de mi sobrino y aquel ganado que en agosto por la peste también murió, pero hoy es 31 de diciembre y no deseo terminar el año con rencores, así que te perdono y espero que también perdones mis errores, que seguro son incontables frente a los tuyos".

Luego de esto, el granjero dijo "paz", bebió su copa y fue a dormir.

Asombrados los discípulos condenaron el acto, juzgando de atrevido e ignorante la oración y acción del burdo granjero.

¿Cómo puede este hombre inculto atreverse a perdonar a Dios?

Leí esta historia hace muchos años en Japón, y descubrí que mi fe en Dios estaba llena de rencores silenciosos, de injusticias sin respuesta que hacían mi espiritualidad superflua, deshonesta. Entonces entendí que era menos ofensivo expresar mi dolor y mis preguntas, mis dudas, mi ira y descontento contra Dios, el universo o como deseen llamarle.

Aprendí a actuar, orar y relacionarme con la divinidad como aquel campesino burdo pero sincero; esto me hizo ganar algunos enemigos, pero vaya que sí pude dormir en paz.

Salud.

ナヒット

Alegoría musical

Alguien me pidió mi apreciación sobre la letra para un tema musical. Su objetivo era tener gran éxito; por el momento, me envío la siguiente letra por Whatsapp:

Te amo, te amo con el alma.
Mi corazón te pertenece,
Haz con él lo que te plazca.
Sí, te juro mi cariño.
Sí, te juro mi vida.
Sí, te juro lealtad.
Sí, sí, sí te juro mi lealtad.
Sí, sí, sí te juro siempre amar…

Luego de leerla rápidamente, respondí:

—No lo sé, mi querido amigo, aunque la letra es maravillosa, algo me dice que en la actualidad, debes arriesgar una letra más atrevida y austera, intenta combinar ternura con tenacidad, de lo contrario puede que solo quede en una bonita canción que nadie comprará.

Veinte minutos después envió de nuevo la letra, en pocos minutos había logrado cambiarla y ahora decía así:

No te conozco, pero igual no me importa.
Solo quiero hacerte el amor,

Solo quiero que sea bien rudo,

Nunca tendrás mi corazón, solo quiero que sea bien rudo.

Duro, duro, que mi amor no es puro.

Duro, duro que no hay na' seguro.

Duro, duro, que mi amor no es puro.

Duro, duro que no hay na' seguro...

Al leer esta nueva letra, le escribí rápidamente a mi amigo;

—¿Pero en qué estabas pensando al crear este grotesco insulto a la mujer? ¡Es de las cosas más desagradables, bajas y tristes que he leído! Sin embargo, debo decirte que lastimosamente, esto puede ser un hit.

No intento enseñar nada con esta alegoría musical, solo aceptar del desafío de saber decir la verdad bien dicha, con destreza y talento, pues las mentiras siempre suenan duro y rico.

¿Entendieron? Ni yo.

人間だもの

¡Miserable de mí!

Tengo elementos de sobra, traumas y motivos en abundancia para justificar su existencia en mí. Tengo recuerdos, historias, imágenes del pasado contadas a detalle y morbo para alimentar su existencia en mí. "A mí también me hicieron daño", grita ella dentro de mí. Es la bestia, mi bestia querida que jamás se va. A veces sale de su guarida para hacer estragos.

Si por casualidad un profesional de la salud mental, de esos que se hacen llamar psiquiatras o sus primos los psicólogos, identifica mi bestia, mostrando intenciones de cazarla, de analizarla para debilitarla con cordura, para controlarla con serenidad, mi bestia se defiende, muerde, lucha y en última llora, pues la autocompasión también funciona como mecanismo de defensa, pero irse, jamás. Ella se esconde, pero nunca desaparece, y en el momento menos pensado, de la forma más triste surge de nuevo.

A veces dura semanas, meses, escondida, hasta parece que ni existiese. Es increíble cómo, ante ofensas grandes, ella solo duerme y de repente algo trivial la hace aparecer: al conducir en el tráfico, una falta en un partido de fútbol, una mirada o una simple respiración puede ser su detonante.

Luego viene la vergüenza, sangre en la boca y lágrimas en los ojos, lo hice de nuevo, exploté, dañé todo, hice y me hice daño. Mi intelecto voló tan lejos como Neptuno está de la Tierra.

El conflicto es tan antiguo que hace más de mil años un pensador romano gritó: "Miserable de mí, pues no hago lo que quiero, sino justo lo que no quiero, ¡eso hago! ¿Quién me librará de este cuerpo de muerte?".

Pero es posible y verídico dominar el monstruo, tomar el control, canalizar su ira y proyectar su fuerza en creatividad. Podemos dejar que esa bestia cabalgue sobre nuestros lomos con su peso de dolor y amargura, o podemos subir sobre ella y tomar el control.

Toma su tiempo y hay que reconocer cosas, desde su existencia hasta la carencia de una autoridad paterna, los silencios nocivos de una madre ante las alertas de un abuso, el entorno social y otros factores más. Pero es posible tenerla allí controlada. Y lo que es mejor aún, canalizar todo su poder en creatividad y pasión por un propósito.

He hallado un interesante simbolismo y contenido psicológico sobre este tema en la película *El niño y la bestia* de Mamoru Hosoda. También en la película *Venom,* con Tom Hardy, y puedo finalizar este escrito con una larga frase de mi propia realidad:

"Antes la bestia dentro de mí salía y hacía estragos, luego se iba dejándome en lugares llenos de dolor y vergüenza. Hoy la bestia sigue aquí, va conmigo a todos lados, pero hemos hecho un trato: yo dirijo, soy el cerebro y ella solo la fuerza. Así, entre los dos mantenemos el equilibrio, la estabilidad, y ganamos batallas".

Y usted, mi querido lector, ¿tiene alguna bestia por ahí que debamos dominar?

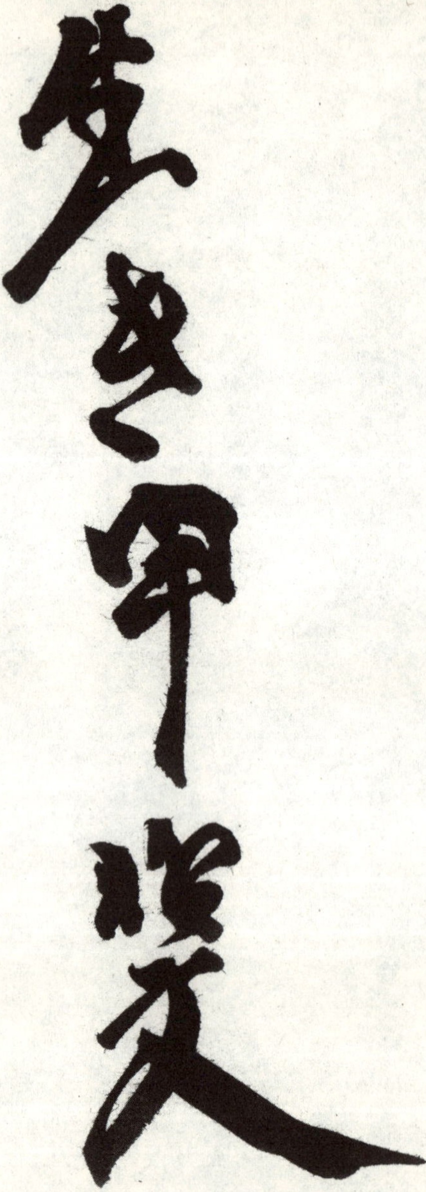

Hablando con demonios

En los cientos y ahora miles de mensajes diarios de seguidores en nuestras redes, una joven de diecinueve años me pregunta cómo descubrir el sentido de la vida: "Yokoi, ¿cómo verle sentido a esta vida que a veces parece tan vacía?".

Mi querida niña, mejor hablemos de surfistas. Bueno, es que es frustrante al principio. Al no tener un patrón descifrable en sus olas, el mar nos hace esperar horas de frío y nos abruma una miserable frustración de ser solo un bulto flotando en la inmensidad del mar.

Entonces llegan a mi mente esas voces que me ridiculizan, cuestionan y, cual demonios marinos, una y otra vez me recuerdan el fracaso que soy, especialmente dicen que mi existencia allí no tiene sentido.

Duele aún más, y debo reconocerlo, la envidia que siento al ver a otro surfear bien en el mismo mar. Por eso, a veces pienso que no es el mismo mar, que el mío no tiene sentido.

Luego pasan los días, aumentan las incursiones, los sube y baja, la rutina, los errores, fracasos, aciertos y hasta milagros acontecen. Aumenta poco a poco también la gratitud por existir y con ella la destreza de surfear las olas de esta vida.

Ahora estoy feliz, todo tiene sentido. Unos novatos llegan a mi lado, lo sé porque veo en ellos la misma frustración, la misma envidia que yo sentía. Me gustaría decirles que todo va a pasar, que lo van a lograr, pero el mar a veces no deja ni hablar, se traga todo el eco de la voz. Ahora yo estoy surfeando y ellos hablan con sus demonios. Realmente espero ganen esa batalla y venzan esas voces.

Fuerza, mi niña, ¡ya viene tu ola!

愛

Desesperanza aprendida

Cansa. Y es un peso constante no creer ni tener confianza de que exista una bondad suprema del más allá y explícitamente dentro de nosotros. Cansa no creer que el arcoíris es un milagro del universo y esconde un tesoro custodiado por un enano Leprechaun.

Cansa vivir sin un cielo donde nos esperan familiares, amigos y parceros que partieron, algunos sin avisar.

Cansa no creer que desde ese cielo el abuelo Jaime ríe con orgullo viendo mi labor.

Cansa dejar de creer que el cuello de la jirafa, el caparazón de la tortuga y la trompa del elefante son una travesura de un abuelo chistoso y despreocupado, o de unos niños divinos que controlan el universo.

Lo que más cansa en realidad es vivir pensando que la gente no es bella ni maravillosamente buena.

Cansa el alma vivir con intriga de la maldad, expectante del engaño, cazador de conspiraciones, inspector del complot ajeno y psíquico de mentiras. Vaya si eso cansa.

No olvido una vez que estaba almorzando con mi madre en el centro de Bogotá, muy cerca al Museo de Oro, cuando me dijo:

—Hagámonos los locos.

—¿Por qué, mamá?

—Es que entró una amiga que hoy no quiero ver.

—¿Por qué, mamá?

—Porque ella vive discutiendo con todo el mundo, piensa que todos son enemigos.

—¿Por qué, mamá?

—Porque tiene algún trauma con la vida y los extraños, no sé, pero siempre está pensando en conspiraciones.

—¿Qué son las conspiraciones? —ante mi intriga e incesantes preguntas, mi madre dijo:

—Solo observe y verá que va a discutir con el mesero, finalmente no va a pedir nada y se irá furiosa.

Jamás olvidé ese incidente, pues las palabras de mi madre parecían premoniciones de una vidente. Exactamente lo que dijo fue lo que aconteció, la mujer discutió con el amable mesero y se fue.

A mi corta edad entendí que incluso hay amigos que viven cansados y también cansan. No es mi intención decir que las personas deben creer en esto o aquello otro. Solo digo que la desesperanza aprendida cansa. Que vivir todo el tiempo con sospechas, dudas, sin fe en los demás y el universo, cansa.

Así, mi querido lector, para no cansarme, voy a creer que tú y yo nos amamos a distancia, sin conocernos, que un día haremos el amor solo con la mirada como hacen los niños, ellos creen y no sospechan de maldad ni malicia alguna.

Entonces: ¿creemos y nos amamos o dudamos todo el tiempo de todos y nos odiamos?

¡Son dos, son dos!

El tío Ricardo Álvarez es una persona bondadosa y realmente alegre, especialista en hacer reír a la familia. Por eso para mí hacerlo reír a él siempre fue un desafío.

Una vez lo acompañé a llevar a un joven llamado Álex, que tenía una condición especial, a un hogar dedicado al cuidado de personas con síndrome de Down y otros trastornos.

El lugar era un tipo de sanatorio mental a las afueras de la ciudad de Pereira, a seis horas de Bogotá por carretera.

El viaje fue tortuoso y Álex inició una serie de intentos por abrir las puertas del carro en movimiento para escapar. Mientras mi tío Richard, como le decimos de cariño, conducía por las complejas montañas del eje cafetero de Risaralda, Colombia, yo sostenía los seguros de las puertas y en ocasiones las manos de Álex para descansar un poco.

Fue un viaje estresante y al llegar yo estaba medio dormido, el tío abrió la puerta para que Alex por fin corriera con libertad dentro del sanatorio campestre. Por instinto salí corriendo detrás de él como ya lo había hecho en otras ocasiones, estaba asustado intentando agarrarlo cuando escuché las carcajadas de mi tío. Volté a mirar y ví a dos enfermeros corriendo tras nosotros.

Luego Richard me explicó que cuando me vieron salir del carro corriendo detrás de Álex confundieron mis rasgos japoneses con los de un niño especial, y entonces le dijeron:

—¡Son dos! ¡Pilas que son dos!

Mi tío, no pudo responder de la risa que esto le provocó. Aquel día, los enfermeros lograron capturarme a mí y a Álex.

—Cuánto lo siento, Kenji.

—Tranquilo tío, no es la primera vez.

Es un honor ser confundido con alguien especial.

横井
阿仁